体验科学

中国科学技术馆化学实践课

中国科学技术馆 编

科学普及出版社
·北京·

图书在版编目（CIP）数据

中国科学技术馆化学实践课/中国科学技术馆编．—北京：科学普及出版社，2018.4
（体验科学）
ISBN 978-7-110-09728-1

Ⅰ．①中… Ⅱ．①中… Ⅲ．①化学-青少年读物 Ⅳ．①06-49

中国版本图书馆CIP数据核字（2018）第005388号

策划编辑	郑洪炜
责任编辑	李　洁　史朋飞
封面设计	逸水翔天
责任校对	杨京华
责任印制	马宇晨

出　　版	科学普及出版社
发　　行	中国科学技术出版社发行部
地　　址	北京市海淀区中关村南大街16号
邮　　编	100081
发行电话	010-62173865
投稿电话	010-63581070
网　　址	http://www.cspbooks.com.cn
开　　本	889mm×1194mm　1/16
字　　数	220千字
印　　张	10.75
版　　次	2018年4月第1版
印　　次	2018年4月第1次印刷
印　　刷	北京盛通印刷股份有限公司
书　　号	ISBN 978-7-110-09728-1/O·188
定　　价	68.00元

（凡购买本社图书，如有缺页、倒页、脱页者，本社发行部负责调换）

《把科技馆带回家》丛书编委会

顾　　　　问　　齐　让　程东红

丛 书 主 编　　徐延豪

丛 书 副 主 编　　白　希　殷　皓　苏　青　秦德继

统 筹 策 划　　郑洪炜

《把科技馆带回家　体验科学》系列编委会

顾　　　　问　　束　为

主　　　　编　　殷　皓　苏　青

副　主　编　　欧建成　隗京花　庞晓东　廖　红

《体验科学　中国科学技术馆化学实践课》编委会

主　　　编	韩　迪　黄冬芳
成　　　员	（按姓氏笔画排序）

王洪鹏　王紫色　叶菲菲　朱海凤　刘红妍　刘春凤
闫　琳　孙伟强　安　娜　芦　颖　李广进　李光明
李伏刚　李志忠　李　博　杨海英　杨楣奇　肖毛毛
邱彦辉　宋守欣　张文娟　张华文　张志坚　张　杰
张佳栋　陈立元　武　佳　罗　丽　罗　迪　竺　青
赵亚楠　赵　洋　赵瑞玲　姜　莹　贾春琴　钱作伟
高国栋　高梦玮　高　婷　袁　辉　郭　乐　唐剑波
黄　践　曹　朋　常　娟　康　娜　商晓绪　程　颖
强文媛　潘立红　戴天心

移动平台设计	卢志浩　周明凯
视频编辑制作	吴彦旻　郝倩倩　王　鹏　药　蓬　李竞萌　耿　娴
	阚子毅　任继伟　胡　博　张永乐　张　乐　郭　娟
	杨肖军　王　薇　裴媛媛　安珊珊
视频拍摄人员	王　晔　刘枝灵　杨　洋　张磊巍　秦英超　秦媛媛
	高梦玮　桑晗睿　李广进　张文娟　何海芳　马若涵

序言

科学素质是实施创新驱动发展战略和全面建成小康社会的群众基础和社会基础，是国家综合国力的重要体现。目前，全民科学素质行动已成为国家发展战略的重要组成部分。2015年，我国公民具备科学素质的比例达到6.2%。2016年2月，国务院办公厅印发《全民科学素质行动计划纲要实施方案（2016—2020年）》（国办发〔2016〕10号），明确提出要实施四个重点人群科学素质行动。第一个行动就是实施青少年科学素质行动，着力推进义务教育、高中和高等教育阶段科技教育，开展校内外结合的科技教育活动。

中国科学技术馆（以下简称中国科技馆）是我国唯一的国家级综合性科技馆，秉持"体验科学、启迪创新、服务大众、促进和谐"的理念，通过科学性、知识性、趣味性相结合的展览内容和丰富多彩的教育活动，反映科学原理及技术应用，鼓励公众在动手探索实践中学习科学知识，培养科学思想、科学方法和科学精神。建馆以来，中国科技馆始终高度重视与校内科学教育的深度融合，使科技馆展览资源与学校科学教育，特别是科学课程、综合实践、研究性学习相结合，有效促进了两者的衔接。

2008年，中国科技馆被北京市教委确定为北京市中小学生"首批社会大课堂资源单位"；2011年发布的《教育部 科技部 中国科学院 中国科协关于建立中小学科普教育社会实践基地开展科普教育的通知》中，将科技馆、自然博物馆、专业技术博物馆等科普类场所纳入中小学科普教育社会实践基地资源单位。2014年，北京市教委印发《北京市基础教育部分学科教学改进意见》（京教基二〔2014〕22号），明确提出中小学校各学科平均应有不低于10%的课时用于开展校内外综合实践活动课程。

2016年，习近平总书记在"科技三会"上指出："科技创新、科学普及是实现创新发展的两翼，要把科学普及放在与科技创新同等重要的位置。没有全民科学素质普遍提高，就难以建立起宏大的高素质创新大军，难以实现科技成果快速转化。"其中，全民科学素质提高的一个重要方面就是青少年科学素质的提升。近年来，随着教育改革的不断深入，学校教育更加注重联系实际，让学生在探究中学习，在体验中成长，全面提升他们的科学素质和创新能力。北京市中考试卷也紧扣基础知识和基本技能，凸显基础性、生活性、科学性、视野性，宽而不俗，深而不难。自2015年起，北京市中考试卷中已连续三年出现直接源自中国科技馆展品的试题，为教育改革提供了良好的实践探索。

为使中小学生更加深入地了解中国科技馆展品资源，打造中小学校外科学实践活动资源载体，中国科技馆基于中小学课程标准、依托本馆展品，组织馆内一线科技辅导员与北京市知名学校学科教师共同编写了《体验科学》系列丛书，现已出版物理、生物、化学三个分册。各分册依据本学科课程标准，选取馆内经典展品，进行主题式资源解析。每个主题下设"探索发现""资源简介""观察思考""分析解释""做一做""阅读理解""学习任务单"七个部分。内容根据学生认知特点和日常生活经验设计，倡导探究式学习和启发式教学，将"寓教于乐"的学习氛围带到学生身边，鼓励学生独立思考和实践，激发学生的好奇心、想象力和创造力，提高学生的科学素质、创新精神和实践能力。此外，学生还可通过扫描书中二维码的方式，获取拓展知识、展品辅导等相关图片、视频资料。

《体验科学》系列丛书是中国科技馆科技辅导员与学校教师在多年实践工作基础上的集体智慧结晶，也是丰富和推动校内外科技教育活动对接的有益尝试。今后，中国科技馆将继续推动与学校的深度合作，完善校内外优质科学教育资源整合，在实践中探索，在创新中发展，开创中小学校外科学教育新局面，为提高全民科学素质、夯实国家科技创新基础做出积极贡献。

中国科技馆馆长 殷皓

2017年8月

目录

1. 铜绿山古矿井采掘情景 …………………………………… 1
2. 深井开采（井盐）………………………………………… 4
3. 生铁、熟铁、钢的比较 …………………………………… 7
4. 汉代冶铁技术 ……………………………………………… 10
5. 各类纤维展示 ……………………………………………… 13
6. 建筑材料展示 ……………………………………………… 16
7. 造纸工艺流程 ……………………………………………… 19
8. 火药的配方 ………………………………………………… 24
9. 古代火器模型 ……………………………………………… 27
10. 物质探索的历程 …………………………………………… 32
11. 同素异形体 ………………………………………………… 36
12. 身边的元素　太阳的元素 ………………………………… 39
13. 微观粒子结构探索 ………………………………………… 43
14. ^{14}C定年 ………………………………………………… 48
15. 芳香物质 …………………………………………………… 51
16. 光敏花园 …………………………………………………… 54
17. 钢铁是怎样炼成的 ………………………………………… 57
18. 谁是大赢家 ………………………………………………… 60
19. 烟之柱　烟之魔 …………………………………………… 63
20. 土壤与作物 ………………………………………………… 66
21. 衣料变迁 …………………………………………………… 69
22. 垃圾回收再利用 …………………………………………… 74

23. 爱护水资源 ·· 78
24. 复合材料 ·· 83
25. 新型陶瓷 ·· 86
26. 臭氧破坏 ·· 90
27. 酸雨是怎样形成的 ·· 94
28. 温室气体与全球变暖 ·· 97
29. 化石能源 ·· 102
30. 身边的能源 ·· 106
31. 清洁能源——氢 ··· 110
32. 海底热泉环境 ·· 115
33. 海水的构成 ·· 118
34. 可燃冰 ·· 121
35. 锰结核的开采与利用 ·· 124

体验科学区域路线图 ·· 127

学习任务单 ·· 129

1. 铜绿山古矿井采掘情景

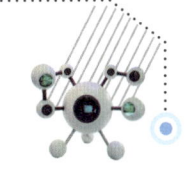

课程设计：袁辉　贾春芹

探索发现

我国目前发现的生产时间最长、规模最大、内涵最丰富、保存最完整的古矿遗址位于哪里？古人又是如何开采矿石的？让我们一起到中国科技馆"华夏之光"展厅去寻找答案吧！

资源简介

位于湖北省大冶县的铜绿山古矿井，开采年代从公元前13世纪的殷小乙时期一直延续到西汉，历经1000多年，据推测其产铜不少于8万吨。该展项幻影再现了春秋时期古代工匠开拓井巷、采掘装运矿石、排水、提升、运输的生产场面。

该遗址采矿技术最显著的特点是采用竖井、斜井、盲井、平巷联合开拓法进行深井开采。矿井采用符合力学原理的木框架支护技术。最大的矿井深达60余米，低于地下水位20余米，并且有效地解决了运输提升、井下通风、排水照明和井巷支护等问题。井下通风是利用井口高低不同所产生的气压差形成自然风流，同时采用关闭废弃井巷和在巷道内设置风墙以控制风的走向。井下采用竹签火把照明。排水是通过相互衔接的木制水槽将水引入排水巷道，再汇入水仓，集中提升到地面排走，构成完备的排水系统。

铜绿山古矿井采掘情景

观察思考

1. 铜绿山蕴含的铜矿石有哪些？
2. 铜在空气中能和哪些物质发生化学反应？

分析解释

铜绿山的山顶高平，巨石垒峙，大雨过后，铜绿如雪花小豆点缀于土石之上，故名铜绿山。铜绿山蕴藏有丰富的铜矿，古矿井主要集中在大理岩与火成岩的接触带上。这里氧化富集带中矿石的含铜品位可达5%～8%，以孔雀石、赤铜矿、自然铜等矿石为主。其中孔雀石俗称铜绿，是含铜的碳酸盐矿物，主要成分为碱式碳酸铜，化学式为$Cu_2(OH)_2CO_3$。铜绿一般为翠绿色粉末，质松，无臭，味微涩，可以入药，其燃烧时呈现绿色火焰。

铜元素是一种金属元素，为人体所必需的一种微量元素，属于重金属。铜也是人类最早发现和使用的金属之一。早在史前时代，人们就开始采掘露天铜矿，并用获取的铜制造武器、工具和其他器皿，铜的使用对早期人类文明的进步影响深远。铜器长时间接触潮湿的空气时，表面会生成一层绿色的锈。这是因为，铜和空气中的氧气、水及二氧化碳同时作用，发生化学变化生成了碱式碳酸铜。

做一做

查阅资料，了解如何除去铜制品表面的铜锈，并选择最适合文物除去铜锈的方法，并为其后期的保护提出建议方案。

扫一扫二维码，登录中国数字科技馆，看看实验过程及现象。

阅读理解

　　铜绿山古铜矿遗址代表了一个时代的采铜炼铜技术，它既是古人采掘冶炼生产实践过程的展现，又是他们进行科学实验过程的展现。

　　铜绿山古铜矿遗址所反映的冶炼技术，在中国冶金发展史上具有非常重要的意义。铜绿山地区通过考古发掘出土了春秋早期炼铜竖炉10座，战国时期的2座，多达40万吨的炼渣以及当时冶炼的粗铜和一批冶炼辅助设施，是中国迄今为止通过考古发掘出土的年代最早、保存最完好、技术最先进的冶炼系统和炼铜竖炉，炼出的粗铜纯度达94%，炼渣平均含铜0.7%，相当于欧洲18世纪的炼铜水平。铜绿山古铜矿遗址所反映的地质找矿、采矿、冶炼技术水平代表了中国青铜时代鼎盛时期的最高技术成就，为中国青铜文化的发展奠定了坚实的基础，同时也为中国铁器时代的到来和迅速发展奠定了非常重要的技术基础。它揭示了我国青铜文化的独立起源，并且在国际采矿、冶炼、考古、科技史学界产生了重大影响，从而促进了国际上在这些学术领域研究的广泛开展。

2. 深井开采（井盐）

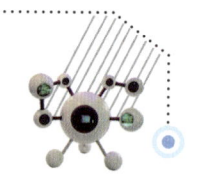

课程设计：袁辉　贾春芹

探索发现

现代人们掌握的先进的地下资源开发技术及钻井技术，始于古人对食盐的开采。约2300年前，中国人就开始进行凿井开采井盐。

在中国科技馆一层"华夏之光"展厅"采矿区"有一件"深井开采（井盐）"展品，你可以在展项前亲自转动大车进行提卤体验，了解整套汲卤采卤工艺流程。

资源简介

通过打井的方式抽取地下卤水制成的盐称为井盐，这类制盐业工序烦琐，耗资巨大，每开一口井需要几年甚至数十年的时间，凿井投资更是多以白银万两计算。

被誉为中国盐都的自贡市是冲击式顿锉钻凿技术的发源地，这一技术，有近2000年的历史，经历了东汉至宋初大口浅井的孕育期、宋代卓筒井的转型期、明代至清代小口深井的成熟期几个发展阶段，早期盐井为大口浅井，井壁易崩塌，且无任何保护措施，加之深度较浅，只能汲取浅层盐卤。

到北宋时期，井盐钻井技术出现了重大突破，发明了冲击式顿钻凿井法，其钻凿过程与舂米相似，即利用人、畜、机械等动力，使钻头破碎岩石，向地层深处钻进成孔，并不断捞出岩屑，达到获取盐卤资源目的的一种钻井技术。所形成的小口径井称为"卓筒井"，它克服了传统大口浅井的诸多弊端，深度可达几百米，被视为现代油井及气井的雏形，标志着中国古代深井钻凿工艺的成熟。

深井开采（井盐）

顿钻技术在井盐生产上的广泛应用使自贡早在清朝就获得了"富甲全川"的美誉，2000年以来，自贡地区一直以这种技术开采井盐，共开凿了13000多口盐井，其累计深度相当于人工打穿了400多座珠峰，累计生产了8000万吨食盐。

中国还是最早以天然气为能源的国家之一。公元前1世纪就已经用开采的天然气煮盐。

中国古代发明的一整套深井钻凿和制盐技术，为人类的文明和世界科学的进步做出了卓越的贡献。这种技术在传入欧洲后，有力地促进了世界钻井技术的发展和地下资源的开发。

观察思考

1. 什么是井盐？
2. 北宋时期使用的凿井取盐的方法是什么？

分析解释

通过打井的方式抽取地下卤水（天然形成或盐矿注水后生成），制成的盐称为井盐，生产井盐的竖井称为盐井。

北宋庆历年间，工匠们发明了"冲击式凿井法"，开创了机械钻井技术的先河。这一深井钻凿技术，后来传到西方，有力地推动了世界凿井技术的发展。具体的操作方式就是设立木质碓架、由人在碓架上一脚一脚地踩动（捣碓），运用杠杆原理，带动锉头上下运动凿进。

做一做

1. 实验器材

食盐，水，勺子1把，杯子1个，筷子1根，锅1个。

2. 实验步骤

（1）用勺子舀两勺食盐，放入盛有水的杯子中。

（2）用筷子搅拌，使食盐溶解。

（3）将食盐水倒入锅中，大火加热至沸腾，改为小火。随着水分不断蒸发，食盐晶体慢慢析出，当出现较多食盐晶体时，关火停止加热，利用余热将剩余的水分蒸干。最后又得到了食盐。

阅读理解

海盐，最原始的制取方法为"煎""煮"法，用盘为煎，用锅为煮，史称"煮海为盐"。经过长时间的实践改进，由直接用海水煎煮，改为淋卤煎煮。用煎煮法制取海盐不但产量低，而且质量差。

目前，从海水中提取食盐的方法主要是"盐田法"。这是一种古老的且至今仍在广泛使用的方法。建造盐田一般会选在气候温和、光照充足、面积较大且平坦的海边滩涂。

盐田一般分成两部分：蒸发池和结晶池。制盐时，首先将海水引入蒸发池，经日晒蒸发水分到一定程度时，再导入结晶池，继续日晒水分蒸发，海水就会成为盐的饱和溶液，继续日晒便会逐渐析出盐来。这时得到的晶体即为粗盐，剩余的液体称为母液，从母液中可提取多种化工原料。

扫一扫二维码，登录中国数字科技馆，看看实验过程及现象。

3. 生铁、熟铁、钢的比较

课程设计：张文娟　程颖

探索发现

走进厨房，我们可以找到多种以钢铁为材料制成的炊具，比如铁锅、勺子和菜刀等。但是，这些工具的"脾气"却各有不同：铁锅一敲就碎，非常脆；炒菜勺韧而不脆；菜刀非常锋利，具有很好的韧性与延展性。这是为什么呢？难道钢铁有不同的种类吗？是的。我们平时所说的钢铁其实是个大家庭，它有许多的家庭成员，其中主要有"生铁""熟铁"和"钢"。那么，它们究竟有哪些区别呢？

资源简介

在中国科技馆一层"华夏之光"展厅"中国古代科技创新"展区，有一件展品展示了生铁、熟铁和钢的实物，你既可以触摸感受，也可以用旁边的锤子轻轻敲打它们，通过不同的触感和声音来了解它们。

生铁、熟铁、钢的炼制工艺不同。据中国明末清初著名的科学家宋应星所著的《天工开物》记载："凡铁分生、熟，出炉未炒则生，即炒则熟。生熟相和，炼成则钢。"意思是说，铁有生铁和熟铁之分，从炼炉中出来而没有经过炒制的是生铁，炒过便是熟铁。将生铁和熟铁混合，熔炼出来的就是钢。

生铁、熟铁、钢的比较

观察思考

1. 你知道生铁、熟铁和钢有什么不同吗？
2. 生铁、熟铁和钢分别有什么用途？

分析解释

生铁、熟铁和钢都是铁碳合金，区别在于其含碳量不同。生铁含碳量较高，为2%～4.3%。熟铁经过各种加热后自身的含碳量减少，为0.05%以下。钢的含碳量介于生铁和熟铁之间，为0.03%～2%。

生铁是高炉炼铁中生产出来的粗制铁，含有较多杂质。生铁坚硬耐磨、铸造性好，但硬而脆，可塑性差，不能通过锻造、压轧等方法加工成形。生铁可以通过降低碳含量来进一步精炼成钢、熟铁、工业纯铁或再熔化铸形。生铁按用途可分为铸造生铁和炼钢生铁两种。铸造生铁简称铸铁，可通过锻化、球化、变质等方法改变其内部结构，改善其机械性能。生铁常用来制造铁锅、暖气片、机床底垫等。

熟铁质地很软，可塑性和延展性良好，可拉丝变形，容易锻造和焊接，但机械强度和硬度均较低。熟铁在生活中一般不易接触到，主要用于冶炼对成分要求高的合金钢，如不锈钢、轴承钢等高品质特殊钢。

钢是由生铁再炼而成的，有很高的机械强度，韧性和塑性良好，还具有耐热耐磨、耐腐蚀、抗冲击、易提炼等特殊性能，钢兼备了生铁和熟铁的优点，因此为人类广泛利用，如制造机械、交通工具和武器等。

知识链接：生铁和钢的主要组成元素是铁，其中还含有少量碳、硅、锰、硫、磷，以及其他元素。生铁和钢的主要区别在于含碳量的不同，进而导致它们的性能与用途不同。

生铁和钢的比较

项目 材料	含碳量	其他元素	机械性能
生铁	2%～4.3%	含硅、锰及少量硫、磷	可铸造，不适宜锻造
钢	0.03%～2%	含少量硅、锰及极少量硫、磷	强度高，硬度大，韧性强，延展性好，易机械加工

做一做

通过对身边金属制品的观察，列举出哪些是生铁制品，哪些是熟铁制品，哪些是钢制品，并说明其采用相应材料的原因。

扫一扫二维码，登录中国数字科技馆，看看实验过程及现象。

阅读理解

现代高炉炼铁的过程，是从炉顶不断地装入铁矿石（主要是含铁化合物）、焦炭和石灰石，再从高炉底部的风口持续吹进热风，喷入煤、天然气等燃料。在高温炉内，焦炭、燃料中的炭、炭燃烧产生的一氧化碳等将铁矿石中的铁还原出来，通过此方法冶炼出来的铁为生铁。生铁水会从炉底的出铁口排出，铁矿石中的杂质（主要为脉石，成分为二氧化硅）、焦炭与加入炉内的石灰石等结合形成炉渣（主要成分为硅酸钙），从出渣口排出。炼铁过程中产生的煤气从炉顶导出，除尘后可作为工业煤气使用。高炉炼铁的主要产品为生铁，副产品为高炉渣和高炉煤气。炼铁的原理：用还原剂将铁矿石中铁的氧化物还原成金属铁。反应的化学方程式分别为 $Fe_2O_3+3CO \xrightarrow{高温} 2Fe+3CO_2$，$Fe_3O_4+4CO \xrightarrow{高温} 3Fe+4CO_2$（反应条件为高温）等。

4. 汉代冶铁技术

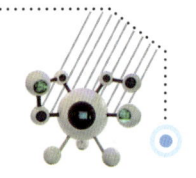

课程设计：张文娟　程颖

探索发现

奥斯特洛夫斯基写过一本著名的小说《钢铁是怎样炼成的》，他用钢铁的冶炼来比喻革命者的成长。钢铁的冶炼不仅是现代工业生产的重要组成部分，在古代社会的发展中也具有重要的推动作用。冶炼生铁的记载最早见于《左传》，公元前513年，晋国曾把刑法铸在铁鼎上，由此说明当时民间已出现了炼铁作坊。考古发现，战国时期人们已经广泛使用铸铁制成的工具。公元前6世纪，中国人发明了液态生铁冶炼技术，远远早于直到14世纪才炼出生铁的欧洲。那么，在古代生铁究竟是怎样炼成的呢？

资源简介

在中国科技馆一层"华夏之光"展厅，有一件展品叫"汉代冶铁技术"，通过炼炉、橐、水排的模型向我们展示了汉代工匠是如何冶炼生铁的。

我们知道，铁是从矿石中提炼出来的。矿石中的铁一般是由铁和氧两种元素组成的化合物，如果想要得到铁，需要在大型的炉子里面加入炭并加热，使炭消耗掉矿石中的氧。熔化的铁水温度很高，会将炭也一并熔化，在炉子中得到含碳的生铁。运用此原理，中国人发明了液态生铁冶炼技术，即高温液态还原法冶铁技术。这种方法把铁矿

汉代冶铁技术

石与木炭交替铺设在高大的炼炉中，以木炭为燃料和还原剂，加热到1150～1300℃，使氧化铁还原并充分吸收碳，反应后生成的熔融的铁水从炉中流出，注入模具中铸造成各种形状的铁器。

炼炉是冶铁工业的关键设备，是在高温环境下发生化学反应的容器。炼炉有多种形状，但椭圆形在汉代颇为盛行。研究发现，在当时鼓风设备简陋，风力时有不足，人们在实践中发现，将圆形炼炉改为同样容积的椭圆形，从其短轴鼓风，风力更容易到达炼炉的中心位置，大大提高了单位产量。

橐是一种鼓风吹火器，利用人力推拉进行鼓风，连接鼓风管，将风送入炉内，以提高和保持炉温。据《后汉书·杜诗传》记载，东汉初年，南阳太守杜诗"造作水排，铸为农器"，用水力进行鼓风，不但节省了人力、畜力，而且鼓风能力更强，促进了汉代冶铁技术的发展。

观察思考

1. 汉代冶铁技术有哪些先进的方面？
2. 我国古代的钢铁冶炼方法与现代有什么不同？

扫一扫二维码，登录中国数字科技馆，看看实验过程及现象。

分析解释

我国冶铁技术始于春秋时期。汉代，已经发展到较为先进的水平。与前期相比，汉代冶铁分布面广、规模宏大、种类齐全、技术高超，在世界冶金史上占有重要地位。

液态生铁冶炼技术成熟前，炼铁的主要方法是块炼铁，即在较低温度下，将固态铁矿石还原获得海绵状固体块铁，再进行锻打。

汉代铁器中用块炼铁作为材料的锻件，许多已达到钢的标准。西汉中期时已经能够采用反复锻打的方法使之成为"百炼钢"，同时期，还掌握了利用热处理技术使铸铁在固体状态下脱碳成钢。西汉后期，冶炼技术进一步发展，出现了用生铁"炒钢"的新方法，此方法是将生铁加热至半液体状态，并不断搅拌，利用空气中的氧气使之脱碳，从而获得含碳量不同的钢。

知识链接：工业炼铁是一个复杂的过程。将原料铁矿石、焦炭和石灰石按一定比例分层加入高炉（炼铁炉）中，再由高炉下部吹入热空气，使炉内产生高温和一氧化碳。一氧化碳在高温下可以把铁矿石中的铁还原出来，被还原出来的液态铁积累到一定程度后，由炉底放出。在实际生产时，高炉炼出的铁是生铁，大部分生铁用于炼钢。炼钢的原理是：高温下，用氧气把生铁中过量的碳和其他杂质，分批氧化成气体或炉渣除去。

阅读理解

纵观世界冶金史，西方冶铁开始的时间比中国早，但中国古代的冶铁技术，却长期处于领先地位。原因有以下几方面：首先，商周时期青铜冶铸的传统工艺为早期钢铁冶铸业提供了技术借鉴；其次，采用高炉冶炼钢铁，使产量大幅度提高；最后，高温技术的掌握，包括鼓风设备的改良以及燃料的更新。东汉初年，南阳太守杜诗发明了水排，用水轮带动皮囊鼓风，将自然力引入冶铸生产，不但节省了人力、畜力，而且提高了鼓风能力，促进了汉代冶铁技术的发展。我国煤炭资源储量丰富，取用方便。鼓风技术的改进和煤炭的使用，大大提升了炉温，为大规模冶铁创造了条件。

汉代是我国古代钢铁冶铸业高度发展的时期，对我国古代社会的手工业、农业、水利、交通及人们的日常生活具有重要影响，在世界钢铁冶铸史上同样具有划时代的意义。

5. 各类纤维展示

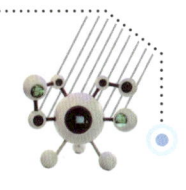

课程设计：戴天心　邱艳辉

探索发现

"昼出耘田夜绩麻，村庄儿女各当家。"范成大的这句诗描述了我国宋代劳动人民白天种田、晚上纺织的农业生活。考古史表明，世界服饰文明起源于古中国，古代中国人民在生活、生产中创造了灿烂的纺织文化和服饰文化，为人类社会发展作出了重大贡献。用显微镜观察载玻片上的纤维，你能认出它们分别是哪种材料吗？

带着这个问题，一起走进中国科技馆一层"华夏之光"展厅去了解一下吧！

各类纤维展示

资源简介

展品"各类纤维展示"位于中国科技馆一层"华夏之光"展厅的"古代技术创新"展区。展品选取了蚕丝、亚麻、羊毛、合成纤维（尼龙）等纺织材料，经过高倍显微镜放大，便于观众了解它们在结构上的差别。

纯棉

亚麻

扫一扫二维码，登录中国数字科技馆，看看实验过程及现象。

观察思考

1. 纤维可以分为哪些类别？
2. 各类的纤维有什么特点？

分析解释

蚕丝：通常指桑蚕丝，喂食桑叶养蚕，在蚕变蛹时，会吐丝结茧，从蚕茧中抽出的丝即为蚕丝。优质蚕丝触感柔顺滑腻，颜色略黄且表面有柔和光泽。

亚麻：取自一年生草本植物亚麻的韧皮部位，具有良好的吸湿性和透气性，柔软且具有较强的拉力，可纯纺，也可以与其他纤维混纺。

合成纤维：主要以煤和石油为原料，通过化学加工获得，这类纤维具有非常好的耐磨性，但是透气性和吸湿性一般不好。锦纶、尼龙和腈纶等都属于合成纤维。

蚕丝、亚麻都是可以从自然界获取的天然纤维，具有悠久的使用历史。合成纤维是人类通过技术手段合成出来的，从被发明到现在仅经历了80多年。

这部分内容在初中化学《化学与社会生活》《化学合成材料》中有简单介绍。

做一做

棉花、蚕丝以及合成纤维的鉴别

1. 实验材料

   棉线，蚕丝，尼龙绳，镊子，打火机。

2. 实验步骤

   分别取棉线、蚕丝、尼龙绳材料5～6厘米，用镊子夹住，用打火机点燃，观察燃烧时的现象，闻气味，观察燃烧后产生的灰烬。

阅读理解

材料是社会发展程度的重要标志，我国的材料发展经历了石器、陶器、青铜器、铁器等几个重要的时期。现代材料的发展日新月异，已经达到了很高的程度，如可以保证航天飞机平稳穿越大气层的耐热防火材料，不沾染灰尘的纳米级纺织材料，具有记忆功能的钛合金材料等。按照材料的成分可分为：高分子材料，无机非金属材料，金属材料以及复合材料。高分子材料主要以高分子化合物为基本组成单位，分为天然有机高分子材料和合成有机高分子材料。天然纤维是天然有机高分子材料中的一种，按来源可以分为动物纤维和植物纤维两类，动物纤维包括动物的绒毛、皮毛、羽毛及蚕丝、蛛丝等，主要成分是蛋白质。植物纤维包括棉花、亚麻等，主要成分是纤维素。合成有机高分子材料，是以煤、石油和天然气等化石资源为原料，通过化学加工获得，包括塑料、合成纤维、合成橡胶等。

6. 建筑材料展示

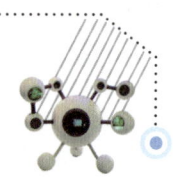

课程设计：戴天心　邱艳辉

探索发现

中国古代建筑在世界建筑史上占有重要地位。古建筑中的宫殿、亭台、寺庙、陵墓、住宅和园林是当时政治、经济、文化和技术等诸多因素的综合反映。古时没有钢筋混凝土，人们是如何建房造屋的呢？让我们一同前往中国科技馆一层"华夏之光"展厅，开启一次中国古代建筑的时空之旅。

资源简介

展品"建筑材料展示"位于中国科技馆一层"华夏之光"展厅的"古代技术创新"展区。展品以多媒体与可操作模型结合的形式，展示了砖、瓦、脊兽、金砖等建筑材料或部件的相关内容。

建筑材料展示

砖、瓦作为建筑材料在中国使用已有2000多年的历史，西周初期，人们发明了陶瓦，后来又相继出现了板瓦、筒瓦、半圆瓦和脊瓦等。瓦最重要的功能就是遮风避雨。而砖则于西周晚期出现，最初只是铺地砖，到了西汉时期，种类增多，除了铺地砖，还有空心砖、异形砖和画像砖等。砖的使用能满足建筑防水、防潮的要求，多用在建筑的檐下、檐口、槛墙、影壁、硬山墙、墀头、包檐墙等部位。

砖

屋脊是屋面的一个重要组成部分，屋脊上装饰有一些小兽，称为"脊兽"，脊兽的数量和排列需要严格按照建筑等级的高低而有所区分。脊兽的排列顺序依次是：龙、凤、狮子、天马、海马、狻猊、狎鱼、獬豸、斗牛，最前面还有一个骑凤仙人。脊兽有消灾灭祸、逢凶化吉的寓意。

脊兽

北魏时期，宫殿开始使用琉璃瓦。到了宋、元时期，宫殿的屋顶多用各种彩色的琉璃瓦。明代时期，瓦的生产有长足发展，宫殿建筑普遍应用琉璃瓦。

砖瓦的发明与使用标志着我国古人懂得因地制宜，就地取材，用技术和智慧改造生活。推动了社会的发展，也为后人留下了宝贵的建筑遗产和历史文化遗产。

分析解释

砖、瓦是我们日常生活中很常见的建筑材料，它们和水泥、石灰、沙子等都属于无机非金属材料。我国发现最早的实物砖，来自西周。南北朝时期，宫殿的顶，已经使用琉璃瓦。琉璃瓦有许多种不同的颜色，主要是因为使用了含铁、铜、锰、钴等金属的氧化物的釉料。金砖是我国建筑材料——砖中的珍品，是一种高质量的铺地方砖，敲击时可以发出宛若金属的声音。金砖备受皇家青睐，明清时期，成为皇室的专用品，如故宫中的重要宫殿都是用金砖铺地的。

观察思考

1. 琉璃瓦为什么会有各种不同的颜色？
2. 金砖是黄金做的吗？

扫一扫二维码，登录中国数字科技馆，看看实验过程及现象。

做一做

查阅资料了解关于铁、铜、钴、锰等金属的氧化物，并对比不同金属氧化物的颜色。

阅读理解

　　砖为什么会有红砖和青砖之分呢？制作砖的主要原料是黏土和水等，经配料、制坯、干燥及焙烧制得。其焙烧过程的工艺不同，就会烧制出相应的红砖或青砖。在烧制前，将干燥好的砖胚在窑内码好，烧制过程中不断地鼓入空气，窑内形成氧化环境，过量的氧气把砖内的铁氧化成三氧化二铁，制得的砖即为红砖。若砖胚在氧化环境中烧成后，缓慢从窑顶向下灌水，使窑内产生大量的水蒸气，排出氧气，燃料因为缺氧而产生炭黑，窑中形成还原环境，然后将窑密封，此环境中红色的高价铁还原成低价铁，就制得了青砖。青砖比红砖更结实耐用，但价格也要贵些。

7. 造纸工艺流程

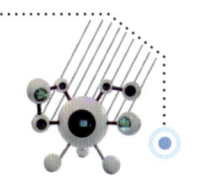

课程设计：李广进　陈立元

探索发现

造纸术是中国古人的伟大发明，现如今，我们常见的纸是一种用来书写、印刷、绘画或包装等的片状纤维制品。一般由植物纤维制得，但从植物到纸张要经历哪些步骤？这其中又包含哪些巧妙的工艺，让我们一起到中国科技馆"华夏之光"展厅以竹纸为例，了解一下吧！

资源简介

在中国科技馆"华夏之光"展厅"天工开物"中系统地介绍了造纸所需的五道程序。

斩竹漂塘

"斩竹漂塘"从表面的字意来看，可以简单地理解为把砍下来的竹子放到池塘里去浸泡。但是选择什么样的竹子？如何浸泡？《天工开物》做了详细的说明。大概在芒种时节前后，选择快要长叶子的竹子为原料，把竹竿截成五至七寸长的短杆，然后放入池塘浸泡百日以上。接下来就要进行"杀青"，"杀青"就是用槌洗等方法把竹子的粗壳和青皮洗掉，使竹子的纤维如同苎麻丝状。

煮楻足火

"楻"是楻桶的意思，楻桶的直径在四尺左右。把槌洗所得的竹纤维，用石灰水浸泡后放入楻桶进行蒸煮。蒸煮需持续八天八夜。但是停火后不能马上取出竹料，需要"歇火一日"。隔日打开楻桶取出竹料，放进池塘里用清水洗干净。然后用柴灰水浆进行第二次煮料，楻桶内水煮开后便可把竹料取出，放入另一只楻桶，再用烧开的草木灰水进行浇淋。如此反复地浇淋，就可达到把竹料蒸烂和漂白的目的。最后放入臼中舂捣，直到把竹料舂成泥状为止。

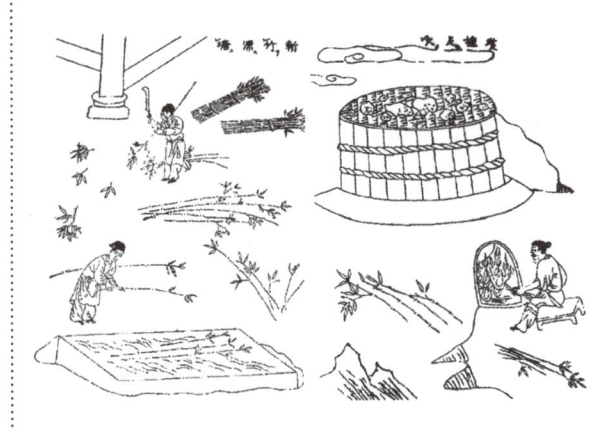

造纸工艺流程

荡料入帘

把制好的竹料放入抄纸槽内，然后注入清水，清水超出竹料三寸左右为止，再加入纸药水（形同桃竹叶，方语无定名）就可以进行抄纸了。抄纸槽的形状类似一个方斗，其大小依据纸帘的大小而定。纸帘是由细竹丝编制而成，同时配有与纸帘大小相等的木质框架，纸帘与木质框架组合成为整个抄纸装置。双手持此装置入水抄纸，这样在纸帘上就会留有一层竹纤维，水则会从纸帘的四周流下。竹纤维的厚度取决于抄纸的手法，轻荡则薄，重荡则厚。

覆帘压制

将附有竹纤维的竹帘从抄纸装置中取出，将竹帘翻转，使湿纸落在木板上。如此循环往复地抄纸、撂纸，在木板上叠积成千上万张湿纸后，用另一块木板放到整撂湿纸上，拴好绳子插入撬棍，利用杠杆原理对整撂纸进行挤压。就像榨酒的方法那样，压出纸内的水分。

造纸工艺流程

透火烘干

经过挤压的纸张并未干透，还要用铜制的镊子，小心翼翼地一张一张地揭起来，然后刷到烘纸墙上进行焙干。烘纸墙是用土砖砌成的夹巷，然后在夹巷中生火。火从夹巷的端口烧起，火温就会慢慢从砖的缝隙透过夹巷，使外墙的砖逐渐发热。贴在墙上的纸被烘干以后，揭下即得成纸。

造纸工艺流程

纸张的种类

《天工开物》关于造纸术的发明曾有这样的记载："事已开于上古，而使汉、晋时人擅名记者，何其陋哉。"这段话想表明的意识是说，纸在上古时期就被发明了，而被汉人和晋人记载成是某个人的发明，这种见解是浅陋的。

造纸的发明究竟起源于何时？不是我们要讨论的重点，但是《天工开物》中提到的汉晋时期确实是我国造纸业发展的转折点。在这一时期，由于统治者对纸张的进一步认可，社会对纸张的需求量进一步增大，因此对造纸工艺提出更高要求的同时，对造纸原料、纸张的质量也有了更高的追求。

麻纸：麻纸主要是以苎麻、树皮、破布、渔网等为主要原料而制作的纸张。此纸起源于西汉，后经东汉蔡伦改进造纸方法而演变成流行于社会的主要纸张。麻纤维较长并且具有强韧的特性，尤其是经过处理的破布、渔网等材料，强度更大。由于纤维长的特点就会使纸张经久耐用，不易变脆。在东汉时期麻纸就是我国古典书籍的用纸之一，至隋唐时期还被广泛地应用于碑帖的装裱。宋元时被竹纸的迅猛发展所代替，使用渐为稀少。

草纸：草纸是以稻草、麦草、芦苇、杂草等为原料而制成的纸张。自东汉至三国时期，麻纸已经逐渐不能满足社会的需求。一来表现在纸张的数量上，二来则表现在纸张的质量上。因此，在麻纸所用的原料基础上，又发展出许多新的纤维纸料，如藤皮、桑皮、竹、草等。草纸便是这一时期的产物，但是草纸的质地较为粗糙，不适宜中国传统的笔墨书写，更适合用于包装或用作卫生纸。

皮纸：凡是用楮皮（楮树皮）、藤皮、桑皮、木芙蓉皮等皮料制成的纸，统称为皮纸。宋元以前，在我国传统纸业中，主要以皮纸和麻纸为主。在皮纸被发明早期，属藤皮和桑皮原料用量最大，皮纸的纤维细腻并且柔韧性较好，因此造出的纸细平且柔软。但是无论采用哪种树皮作原料，产量都不会很大。随着宋代经济和文化的高速发展，皮纸的产量便逐渐不能满足社会的需求。

竹纸：用竹纤维制成的纸叫做竹纸。竹纸的起源可以追溯到魏晋南北朝时期，至宋元便能够满足上乘文化的需求，至明清已位居手工纸业的主导地位。用竹造纸远比树皮和苎麻困难得多，优质的竹纸则需要更高的技术。竹子是半纤维素，纤维素含量没有麻高，稳定性也没有麻好，因此竹纸的制造就需要进行多次地蒸煮。

宣纸：宣纸是以青檀皮和沙田稻草为纤维原料，使用石灰和纯碱等弱碱液进行多次蒸煮，并施以多次日光漂白等技术而制成的纸张。宣纸采用树皮加稻草的配方，是混合纸料的典型代表。因为青檀皮的纤维较长且匀整，稻草的纤维较短，吸墨后，就会产生多层次的晕散效果，深被书画家所推崇。宣纸在加工过程中，以是否经过胶矾处理为依据，又可分为"生宣"和"熟宣"。一般而言，生宣适于国画，熟宣适于书法。

观察思考

1. 制造纸张的主要原料是什么？
2. 使用过的纸可以再利用吗？

分析解释

制造纸张主要应用的是各种植物中的纤维素。古代时主要用黄麻、桑皮、藤皮造纸。到了隋朝、五代时期，竹、檀皮、麦杆、稻杆等也都已作为造纸原料。现代主要用木材为原料。

使用过的纸是可以再用于生产新的纸张的。即使纸张经过六次循环，其纤维长度的改变都只是很微小的，完全不影响正常的使用。又因为现在主要用木材为原料制作纸张，每生产1吨纸，需3.5～5.5米^{3}木材作为原料，约17棵生长8年以上的大树。所以纸张的回收利用既减少了树木的砍伐，又减少了对环境的污染。随着人们环保意识的增强，再生纸越来越受到人们的认可和欢迎。

做一做

制作一张再生纸

1. **实验器材**

   卫生纸若干、碗1个、筷子1双、盆子一个、纱网（或纱布）、干毛巾、重物、水。

2. **实验步骤**

   （1）把卫生纸撕成小碎片。

   （2）把撕成碎片的卫生纸放在玻璃碗中加入水，并用筷子不断搅拌，使之成浆状。

   （3）把纱布在盆底平铺好，倒些清水，再倒入纸浆，加入适量清水，搅拌均匀。

   （4）从一侧轻轻取出纱布，轻轻地放置于干净的桌面上，垫上干毛巾，用重物压一压，把水分挤出并吸掉。

   （5）用干毛巾吸收掉大部分水后，去掉重物和毛巾，把压实的纸浆小心地从纱布上揭下，放在阳光下晒干，就可得到一张自己亲手制作的纸张。

扫一扫二维码，登录中国数字科技馆，看看实验过程及现象。

纸张的由来和种类

文字出现之前，人们用"结绳"和"堆石"等方法来记事。到了商、周时期，人们发明了"甲骨文"，把记事文字等刻在龟甲上。当时也有刻铸在青铜器上的"金文"。春秋末期至魏晋时期，人们用竹片作为新的记事材料，称为"简牍"，又称"竹木简"，用皮条把一篇文章所刻写的竹木简串起来，就形成了"册"。当时也有人把字写在一种叫缣帛的丝织品上。

竹简太笨重，缣帛太昂贵，于是，在西汉时期纸终于被发明出来。最早的纸取材不易，制作起来也很麻烦，直到东汉时期，蔡伦带领工匠用树皮、麻头、破渔网等原料来造纸。用蔡伦的方法造出的纸，不但质地轻薄，而且很适合书写，广受人们的欢迎。同时此方法原料来源广泛，价格便宜，因此纸得以大量生产，造纸术也逐渐传向世界。

西汉时期，大部分以黄麻、布头、破履为主原料生产的纸张强韧，称为"麻纸"，是中国古代图书典籍的用纸之一。汉至唐代，麻纸一直是产量最大的纸。

用桑皮、山桠皮等韧皮纤维为原料制成的纸，为"皮纸"。纸质柔韧、薄而多孔，纤维细长，但交错均匀。皮纸也是中国古代图书典籍的用纸之一，宋朝以后的图书典籍中，皮纸是使用最为广泛的一类纸。皮纸的种类很多，主要有棉纸、宣纸、桑皮纸等。

楮皮纸的制造历史也像麻纸一样悠久。楮皮纸的原料是楮树的韧皮纤维，楮树皮含有非常适于造纸的木本韧皮纤维。2008年6月7日，楮皮纸经国务院批准列入第二批国家级非物质文化遗产名录。

竹纸是以竹子为原材料造的纸。其中福建省、四川省和浙江省为我国竹纸的重要产地。

草纸是用稻草秸秆、芦苇、杂草等植物秸秆为原料制成的纸，此类纸质地粗糙，多用来做包装纸，卫生用纸或用于祭祀，其价格较为低廉。

8. 火药的配方

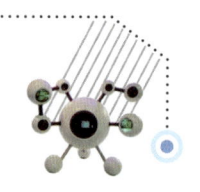

课程设计：安娜　陈立元

探索发现

火药是中国古代的四大发明之一，自发明至今已有千余年的历史。火药，现代常被称为黑火药或褐色火药，主要成分是硝石（硝酸钾）、硫磺和炭（木炭）。大概在宋仁宗时期的史籍上最早出现了火药这一名词，而且在当时的宋都汴京还设有专门生产火药的火药作坊。在我国古代的军事专业百科书《武经总要》中，不但出现了火药这个名词，而且详细地记载了军事火药的三种配方。这不仅是我国，也是世界上最早正式出现的火药名称和军用火药配方。现在我们所提到的这个时期，并非我国火药发明的最早时期，我国火药的发明要比这个时期早得多。下面，我们就来了解一下火药配方的相关内容吧！

资源简介

中国科技馆一层"华夏之光"展厅有一件叫做火药的配方的展品。它以多媒体演示的方式向我们介绍了中国古代的伟大发明之一——火药。

火药并不是历史上某个人发明的，而是中国古代炼丹家在炼丹的过程中逐渐探索发明的，与我国的传统医学有着密切的关系。据五代中期的《真元妙道要略》书中记载，炼丹家将硫磺、雄黄、雌黄和硝石等混合起来烧炼。在炼制丹药的过程中，经过一次一次的实验和探索，人们得到了一系列的启示并最终发明了火药。在这个过程中，炼丹家们掌握了一个重要的规律，就是硫磺、硝石和木炭三种物质按照一定的比例混合，可以组成一种极易燃烧的药，这种药被称为火药，顾名思义，就是着火的药。接触到火就会燃烧是它的主要特征。把火药叫做药，是因为它的主要成分硫磺和硝石是古代常用的医疗药物。在我国现存的第一部药材典籍《神农本草经》中，硝石和硫磺都被列为重要的药材。

火药接触火就会燃烧，在密封容器内点着会爆炸，同时会产生硫化钾固体，并与不完全燃烧的木炭混合，产生黑烟。火药燃烧爆炸的原理，现在的人们不难理解，但在古代，这却一直是个谜，现在人们制取火药变得非常容易，民间流传的一硫二硝三木炭，就是火药的简易配方。火药的发明是我国古代劳动人民辛勤劳动的成果，它的制作工艺随着生产的发展、社会的进步而逐渐完善。

观察思考

1. 火药为什么能造成爆炸？
2. 烟花为什么能产生不同颜色的光？

扫一扫二维码，登录中国数字科技馆，看看实验过程及现象。

分析解释

在相对封闭的空间内，因化学或物理反应，瞬间产生大量的气体，这些气体无法及时排出，产生的压力超过封闭空间壁承受力的时候，就会发生剧烈的爆炸。黑火药着火时，发生的化学反应为 $2KNO_3+S+3C \xrightarrow{\text{点燃}} K_2S+N_2\uparrow+3CO_2\uparrow$。硝酸钾分解释放大量氧气，使木炭和硫磺剧烈燃烧，瞬间产生大量的热和气体，由于体积急剧膨胀，造成压力迅猛增大，于是发生了爆炸。

在制作烟花的过程中，除添加火药外，还要加入一些发光剂和发色剂。发光剂是金属镁或金属铝的粉末，当这些金属燃烧时，会发出白炽的强光。发色剂是一些金属化合物，金属化合物中的金属离子与氧分子剧烈反应时，会发出独特的火焰颜色，例如，氯化钠和硫酸钠都属于钠的化合物，燃烧时的火焰为金黄色，硝酸钙和碳酸钙燃烧时的火焰为砖红色。在化学中，常常会运用物质燃烧的火焰颜色来推测物质中所含的金属种类，这类实验称为焰色试验。

各种金属元素的焰色反应

钠	锂	铷	铯	钙	锶	铜	钡
黄	紫红	紫	蓝	砖红色	洋红	绿	黄绿

正是因为不同的金属在高温下能够发出不同颜色的光，礼花弹中填充了各种特制的金属材料，烟花才会发出绚丽的光芒，释放出颜色各异的焰火。

做一做

会自己膨胀的气球

1. **实验器材**

    小口径的空瓶子、气球、碱面、白醋。

2. **实验步骤**

    （1）在小口的空瓶子里倒入一些白醋。

    （2）在一个气球里装入一些碱面。

    （3）把装好碱面的气球套在瓶子口上，注意套入时先不要把气球中的碱面洒入瓶内。

    （4）准备好后，快速地把气球内的碱面洒入瓶内。

3. **实验现象**

    气球迅速鼓起。因为碱面和白醋发生了化学反应产生了大量气体使气球鼓起，当气体产生的压力大于气球或瓶子的承受能力则会发生爆炸。

阅读理解

火药发明以后，经过不断的试验和改进，到了宋代才开始用于军事。1044年曾公亮主编的《武经总要》中介绍了三种火药配方（见下图），这是世界上最早的军用火药配方，如果增加不同的辅料，经过长时间的猛烈燃烧，就可以实现施放毒烟等不同效果，这三种火药配方包括火炮火药、蒺藜火球火药、毒药烟球火药。

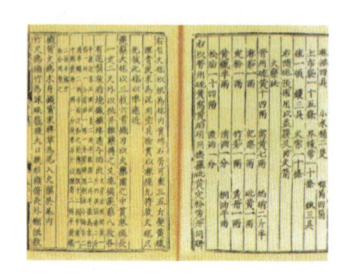

《武经总要》中的火药配方

上述三种火药配方，是在硝、硫和炭的基础上，掺杂了一些其他物质。按照这三种配方配制成的火药，经过加工制成用于投石机发射的火球，最终制成具有燃烧、发烟和散毒等战斗作用的燃烧性火器。它们是中国古代劳动人民、药物学家、医学家、炼丹家，经过几百年甚至上千年的努力探索所取得的丰硕成果。它们的成功创制，标志我国火药进入了军事作战领域，在兵器发展史上具有划时代的意义。但是，由于这三种火药中还含有较多的其他物料，所以还只能用作燃烧、发烟或散毒，有待于在作战中不断改进和提高。火药在军事领域的使用促使了大量火药武器的出现，改变了单纯依靠弓箭大刀作战的局面，进而使作战方法发生了重大变革，是世界兵器史上的一个划时代进步。

9. 古代火器模型

课程设计：安娜　闫琳

探索发现

火药发明以后，经过不断的试验和改进，经过了漫长的历史时期才出现了火器。宋代的《武经总要》一书介绍了火箭、火炮等火器，是目前已知的我国古代最早的火药兵器，也是我国火药应用于军事领域最早的史料记载。也就是说，我国在宋代发明了火药兵器，火药第一次被用于军事。火药兵器的出现是我国兵器发展史上又一座里程碑。标志着古代火器时代的开始。下面我们就来认识一下中国古代具有代表性的火器。

资源简介

最早的管形射击火器——突火枪

提到突火枪，我们先来认识一下它的前辈——火枪。刚开始，人们发明了火枪，它是最早出现的管形火器，最初的火枪用竹筒做枪管，枪管内装有火药，点燃之后，喷射火焰烧伤敌人。实际上，这种火器不能称为枪，因为没有子弹丸，称为火焰喷射器更加合适，但它为火枪未来的发展打下了坚实的基础。后来，这种火枪有了改进，《宋史·兵志》记载了一种1259年发明的火器，即突火枪，突火枪用巨大的竹子作为枪筒，筒内装满火药，即最早的弹丸之一——窠（Ke），点燃火药，火焰燃烧时，产生强大的压力，当火焰燃尽后窠射出，将敌人杀死，同时发出声音。突火枪已经具备管形射击火器的三个条件：一是枪管，它可以用来填充粉末和弹丸；二是火药，它可以用来弹射；三是子窠为射弹，它可以用来杀死敌人。创制新的管形火器，受到各国火器研究者的重视，后来逐渐被金属管形火器取代，人们称它是后世枪炮的鼻祖。

最早的管形射击火器——突火枪

集束火箭的代表——一窝蜂

根据现代的定义，所谓火箭，指以火药燃烧时产生的高温高压气体，形成反推力而腾空飞行的装置。按照这个定义，中国最迟在12世纪中叶就已经发明了火箭。由于火箭在战争中可发挥较大威力，后来火箭被大量用于军事，形式也是多种多样。到了明代，火箭技术发展到一个较高的水平，火箭的种类繁多，除单飞火箭外，又衍生出了多集束火箭、火箭飞弹和多级火箭。下面我们来介绍一下集束火箭的代表——一窝蜂。

集束火箭指用药线将许多支火箭并连起来一起发射的一类火箭。一窝蜂是集束火箭的杰出代表。制作这种集束火箭的方法是：在其木筒内放置32支火箭，木筒就是它的箭架，然后将所有火箭的引线连接在一起，使用时点燃总线，几十支箭就会一齐发出，相当于近代的火箭炮。

集束火箭代表——一窝蜂

最早的有翼火箭——神火飞鸦

"神火飞鸦"是明代制造的飞行火箭。它的竹框架是用纸巾粘贴成乌鸦的形状，里面装上火药，用四枚火箭推进。它是世界上最早的有翼火箭，是4支"起火"同时发动的并连火箭，借助风力可提高飞行高度与距离。鸦体内装满炸药，到达目的地时引燃鸦体，火药就会爆炸，炸伤敌人。

最早的有翼火箭——神火飞鸦

世界上最早的二级火箭——火龙出水

当人们用火箭装置将整个火箭推向空中时，企图用火箭装置再将另一枚火箭推向空中，从而使其继续飞行到更远的地方，从而发明了多级火箭中的二级火箭。明代时发明了一种叫"火龙出水"的二级火箭，它的制作方法是：用1.6米刮薄去掉竹节的竹片作为火箭装置，用木头制作龙头和尾翼，捆绑上火线，体外捆绑上4支大火箭，肚子里藏有数支小火箭。作战时，点燃龙头、龙尾的火箭筒总线之后，整个火龙便迅疾飞往敌方，这是第一级。当第一个火箭发射燃烧后，点燃龙肚内藏着的数支小火箭，火箭从龙口喷射出去攻击敌人，这是第二级火箭。四五百年前，这种二级火箭的发明设计，真是了不起！

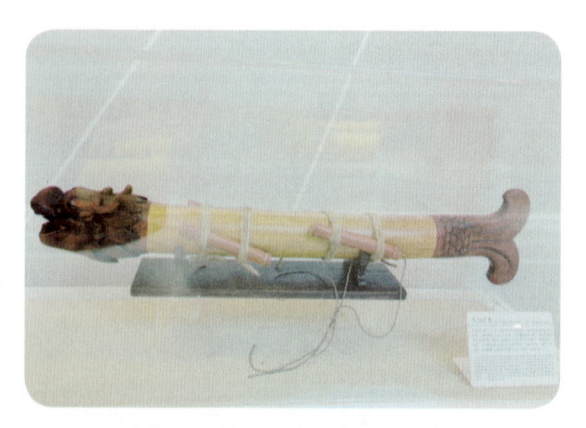

世界上最早的二级火箭——火龙出水

观察思考

1. 想一想，中国古代的各种火器的诞生是利用了哪类化学变化？
2. 说一说，在各种火器的火药燃烧后，盛有火药的容器内压强是如何发生变化的？

扫一扫二维码，登录中国数字科技馆，看看实验过程及现象。

分析解释

火器在现代又被称为热武器或热兵器，指一种利用推进燃料快速燃烧后产生的高压气体推进发射物前进的射击武器。传统的推进燃料为黑火药或无烟炸药。由于与不使用火药的冷兵器相对，因而火器又称为热兵器。枪和炮有时也被称为火器，但火器一词应用范围更广。利用同一原理的还有现代火箭。

火箭在飞行时，燃料和氧化剂在燃烧室中燃烧，朝与飞行方向相反的方向不断地喷出大量高速度的气体，使火箭在飞行方向上获取很大的动量，从而获得巨大的前进速度。如果飞行的宇宙飞船减速或着陆时，则向其运行前方喷气使其减速。它不依靠空气的作用，所以可以在空气稀薄的高空或宇宙空间中飞行。

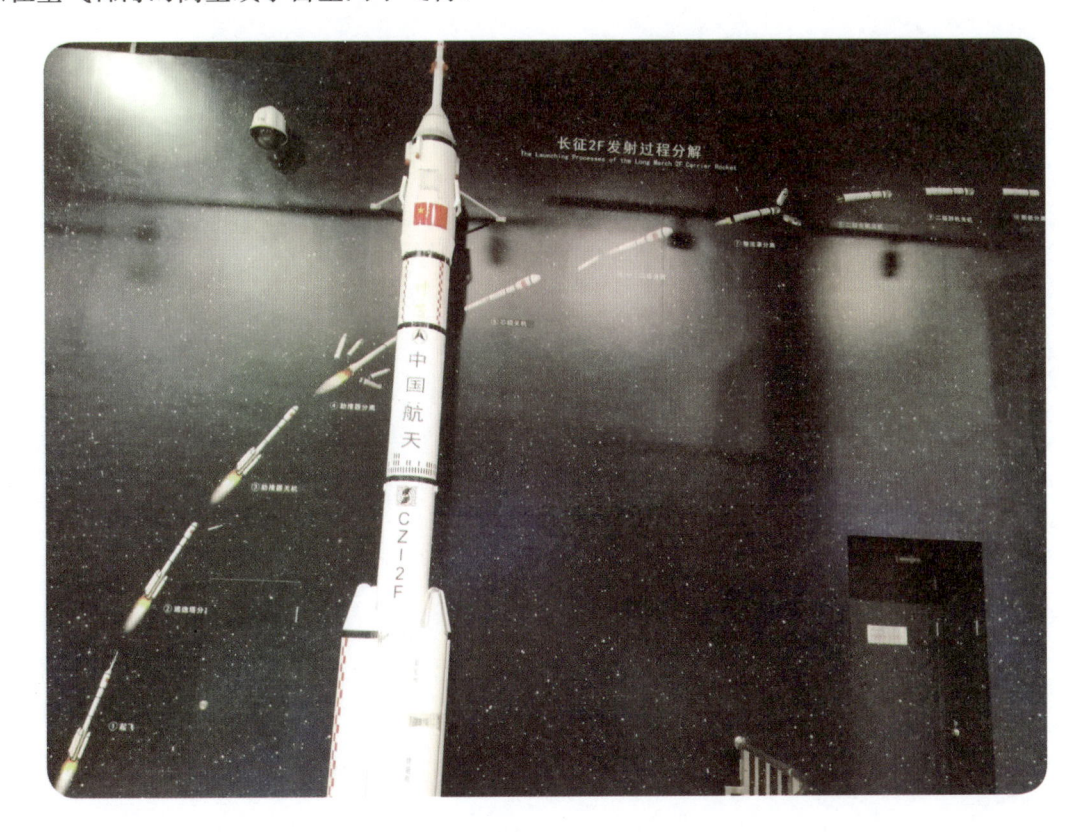

制作小火箭

1. **实验器材**

   锡纸、火柴、曲别针。

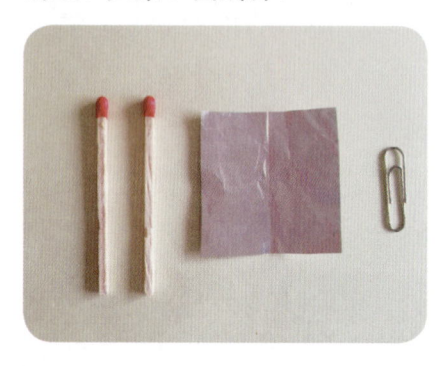

2. **制作步骤**

   （1）拿一根火柴，用小块铝箔将火柴头包好。

   （2）在铝箔和火柴之间插入一枚大头针，轻轻地将铝箔拨开一丝缝隙（保证空气流通）。

   （3）将回形针弯成如图的形状（约45°）做成"火箭"底座。

   （4）将火柴放到"底座"上。

   （5）用另一根火柴来点燃它。

   几秒钟后你就能看到一个小"火箭"发射了。

阅读理解

火铳

火铳：元代至明代前期，金属材质管形射击火器的统称，又称作火筒。

火铳通常分为：单兵用的手铳，城防和水战用的大碗口铳，盏口铳和多管铳等。火铳是中国古代第一代金属管形射击火器，它的出现，使热兵器的发展进入了一个新的阶段，也对后来的战争形势和军事技术的发展起到了推动作用。

洪武年间制造的火铳

铜火铳在元朝就被大规模使用，而洪武铳在此基础上做了一定的改进，制作工艺更加精细，表面光滑，铳壁厚度均匀，规格更统一，更便于手持、发射。

三眼铳

三眼铳是中国古代一种短火器，使用铁或粗钢浇注而成。外形为三根竹节状单铳联装，每个铳管外侧都有个小孔。使用时在铳管内添加火药，最后装填钢球或者铸铁块、碎铁砂等，在小孔处添加火帽，使用时将火帽朝石头等发射台敲击，引爆装填火药将弹丸发射出去。在三眼铳的尾部留有柄座，安装有长度不等的木杆用于握持，保障射手安全。多被北方骑兵使用，既可三管齐发，也可单管轮流发射。近战时，可作为锤子使用。

红夷大炮

红夷大炮在设计上更加先进，炮管长，管壁厚，且从炮口到炮尾逐渐加粗，符合火药燃烧时膛压由高到低的原理。在炮身的重心处两侧有圆柱形的炮耳，火炮以此为轴可以调节射角，配合火药用量改变射程；设有准星和照门，依照抛物线来计算弹道，精度很高。多数的红夷大炮长在3米左右，口径110～130毫米，重量在2吨以上。

10. 物质探索的历程

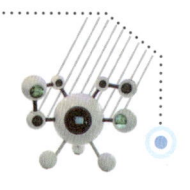

课程设计：韩迪 宋守欣

探索发现

所谓物质是指构成宇宙中一切物体的实物和场，如空气、食物、煤炭和塑料等。实际上，我们周围所有客观存在的都是物质。但究竟是什么组成了我们变化万千的物质世界，各种物质之间存在着怎样的联系和区别，它们背后存在着怎样的规律？如果你找不到头绪，就请到中国科技馆"探索与发现"A厅跟随科学家探索的脚步来认识我们的物质世界吧！

物质探索的历程

资源简介

展项"物质探索的历程"位于中国科技馆二层"探索与发现"A厅"物质之妙"展区门口，由导言文字和多媒体投影两个部分组成，是对"物质之妙"展区的一个导引。

展墙左侧错落有致地排列着蓝色树脂发光字制作的导言文字，以八句话高度概括出了人类探索物质世界进程中的八个重要时期及重大事件。展墙右侧为投影区域。对应每一句导言，右侧的投影区域都会呈现相应的影像，以生动的画面诠释导言所讲述的物质探索历程。从原始人类对火的使用开始到古人对物质组成的思考形成了古希腊的四元素理念，随着历史进程的推移，跟随着科学家拉瓦锡、道尔顿、门捷列夫的脚步，了解元素的概念，步入物质探索的微观世界，找到物质世界的内在联系。

静态的文字与动态的影像相互呼应，从宏观角度上，梳理了物质探索历程的脉络，从微观视角上，展示了具体探索的详情，充分地展现了物质世界的奇妙及人类对物质世界探索中所展现出的科学精神。

千变万化的物质由什么组成？物质有共同的本源吗？
原始人类对火的使用，开始了人类对物质世界的探索。
中国的五行说和古希腊四元素说体现了古人对物质组成的思考。
炼金术从兴起到失败，促使人们对物质的认识趋于科学。
拉瓦锡的氧化燃烧理论和新元素概念成为物质探索的里程碑。
道尔顿原子论和阿佛加德罗分子论使物质探索步入微观世界。
门捷列夫发现元素周期律，揭示了物质世界的内在联系。
人造元素和人工合成物质成为现代物质文明的重要标志。
物质世界美妙神奇，人类的探索仍在继续……

物质探索的历程

与门捷列夫对话

资源简介

1. 装置简介

展项"与门捷列夫对话"位于"物质之妙"展区,由3个操作台、1台投影和1具门捷列夫仿真人组成。

2. 操作方法

站在展项前,按下麦克风旁的按钮,进行抢问,红灯闪烁表明获得对话权,请在题板上选择问题,对准麦克风清晰发问。

3. 现象

按照题板选择问题发问后,门捷列夫仿真人会转身面向提问者,展墙上的背景画就会变成投影幕布,配合投影播放相应动画回答问题,重现门捷列夫的工作场景,重温科学史上这段经典的故事,了解元素周期律的发现过程。

观察思考

1. 千变万化的物质是由什么组成的?
2. 人类探索物质世界进程中的重要时期和重大事件有哪些?

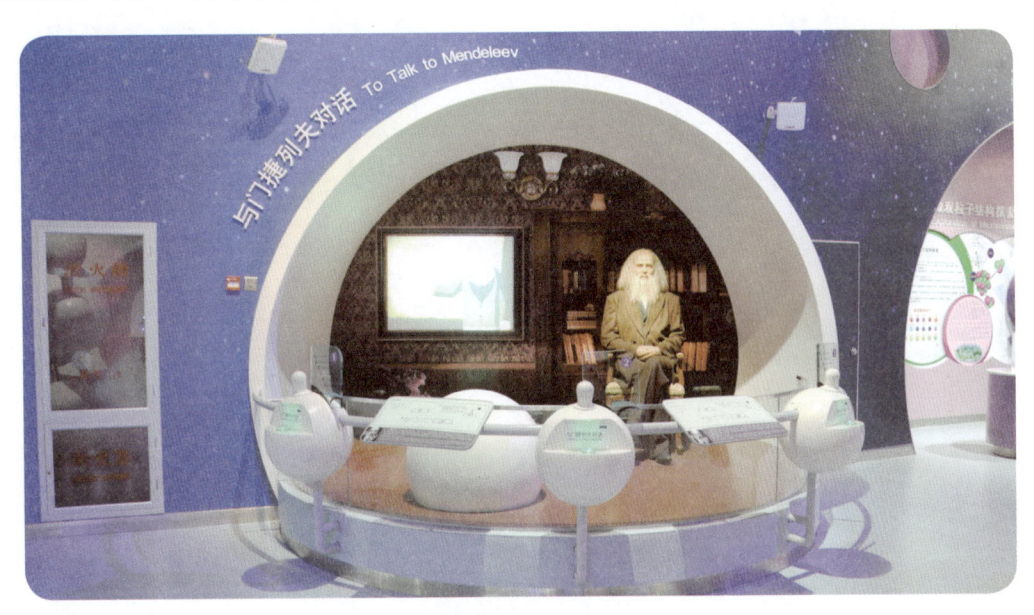

与门捷列夫对话

扫一扫二维码,登录中国数字科技馆,看看实验过程及现象。

分析解释

物质世界是神秘多彩的。人类对物质世界充满了好奇，经历漫长的岁月和不懈的探索，逐渐将物质世界的神秘面纱揭开。

远古时期对火的使用，开启了人类探索物质世界的历程。火实际上就是可燃物燃烧的过程，火的形成必须满足三个条件，分别是可燃物、温度达到着火点、充分和氧气接触。掌握了用火的技术也就意味着人类可以控制物质的化学反应，可以让它向着有利于人类的方向发展，进而满足人类对能量和物质的需求。人类在用火的过程中，逐渐掌握了冶炼金属的技术。铜、铁等金属的使用，极大地提升了生产力，改变了世界的面貌，人类历史也由石器时代进入了铁器时代，翻开了崭新的一页。

面对复杂的物质世界，人类很早就对物质组成和微观结构开始思考，比如中国古代的阴阳五行说、古希腊哲学家的四元素说等。道尔顿原子论和阿佛伽德罗的分子论，为研究物质微观结构奠定了理论基础。在微观粒子探索过程中，人们首先发现了电子，从而揭示了原子是有结构的。1911年，卢瑟福建立了原子核式结构模型，该模型认为，原子是由原子核和核外电子组成的，后来人们又发现，原子核是由质子和中子组成的。

复杂的物质世界是杂乱无章还是有着内在的联系？在这个问题上，俄国科学家门捷列夫作出了杰出的贡献。他在前人的基础上整理了当时所知的60多种元素，按照原子量由小到大的顺序排列，发现了元素性质呈周期性变化的规律，揭示了物质世界固有的内在联系，虽然他的周期表与我们现在所使用的元素周期表存在着很大差距，但他的发现给后来的科学发现和研究提供了极大的启示。

随着社会的进步和发展，人类对物质的需求也越来越多、越来越高，许多新物质和新材料应运而生，虽然目前发现的元素只有100多种，但由这些元素所组成的物质却有千万种之多，绝大多数是近些年人工合成的。

如今，人类对物质的探索并没有止步。相信，随着科技的发展和人类对物质世界认识的不断深入，一定还会有服务于社会与生活的新物质产生。

做一做

查阅资料了解人类在物质探索过程中的重要阶段或典型事件，并以时间为轴，绘制一个时间图，将这些阶段或事件串联起来。

阅读理解

门捷列夫与元素周期表

19世纪20年代末，化学家已经发现了50多种元素，积累了大量的关于元素及其化合物的资料。面对庞杂凌乱、千头万绪的信息，化学家陆续开展了关于元素分类问题的研究，以期寻找元素之间的联系。

1869年，俄国化学家门捷列夫在前人研究的基础上，对当时已知的63种元素进行了系统的分析和研究。当按照原子量大小对元素进行排列时，他发现元素的性质呈现周期性变化。他把63种元素按照原子量递增的顺序排成几行，再把各行中性质相似的元素排入同一列内，这样一来，元素与原子量的内在联系便跃然纸上，这就是门捷列夫的第一张元素周期表。根据门捷列夫的元素周期表，人们不仅修正了某些已知元素的原子量，而且预测了一些当时尚未被发现的元素的存在，神奇的是，这些被预测的元素都已经被找到了。

虽然门捷列夫的元素周期表与现在我们所使用的元素周期表存在着很大差距，但他的发现是近代化学史上的一个历史突破，对于促进化学的发展，起了重要的作用，是化学发展史上的重要里程碑之一。

11. 同素异形体

课程设计：韩迪　潘立红

探索发现

元素周期律告诉我们，每种元素不同的原子结构决定了它们不同的性质，原子结构相同的元素有可能组成不同的物质吗？这些物质在物理、化学性质上有哪些区别？是什么影响了这类物质的性质？其实在我们生活中由同种元素组成的物质很常见，如氧气和臭氧、金刚石和石墨、斜方硫和单斜硫等，它们互称为"同素异形体"，即由同一种元素所构成的不同单质。中国科技馆"探索与发现"A厅"物质之妙"展区的展品"同素异形体"就形象地为我们展示了物质结构对物质性质的决定作用。

资源简介

1. 装置简介

展品整体造型模拟了球棍式分子的三维立体结构，假想"分子"中有7个"原子"，其中6个"原子"为灯箱，1个巨大的"原子"里面巧妙地藏着一个裸眼立体显示屏，距离展品2米的地面上有三个标有"碳""氧"和"磷"字样的踩踏式按键。

2. 操作方法

踩踏地面上三个标有"碳""氧"和"磷"字样的踩踏式按键，观察裸眼立体显示屏中播放的多媒体资料和被点亮的对应的灯箱。

3. 现象

观察显示屏了解碳、氧和磷三种元素所形成单质的分子结构，观察灯箱了解由碳、氧和磷三种元素组成的同素异形体在物理性质和化学性质上的区别。

同素异形体

观察思考

1. 你知道什么是同素异形体吗？
2. 常见的同素异形体有哪些？它们有哪些相同点和不同点？

分析解释

我们都知道，空气是由氮气、氧气、二氧化碳等多种物质组成的，像空气这种由两种或两种以上物质混合而成的称为混合物，与混合物相对应的是纯净物，也就是说，纯净物是由一种物质组成的。纯净物可以用专门的化学符号来表示，如氮气用N_2表示，氧气用O_2表示，二氧化碳用CO_2表示。

我们发现，纯净物的组成也有不同，氧气中只含有一种元素氧，氮气中只含有一种元素氮，但二氧化碳中就含有两种元素碳和氧。我们把由一种元素组成的纯净物叫单质，如氮气和氧气。

单质是由一种元素组成的，但一种元素不一定只形成一种单质，比如金刚石与石墨，它们都是由碳元素组成的，但它们是不同的单质。我们把同一种元素形成不同单质的现象称为同素异形现象，同一种元素形成的不同单质互为同素异形体，如红磷与白磷是磷元素组成的同素异形体，氧气与臭氧是氧元素组成的同素异形体等。

互为同素异形体的物质的形成方式有多种，有的分子里原子个数不同，如氧气和臭氧；有的晶体里原子的排列方式不同，如金刚石和石墨；还有的晶体里分子的排列方式不同，如单斜硫和斜方硫。

由于结构的不同，同素异形体之间物理性质、化学性质都存在差异。例如氧气是没有颜色、没有气味的气体，而臭氧是淡蓝色、有鱼腥味的气体；氧气的沸点-183℃，而臭氧的沸点-111.5℃；氧气比臭氧稳定，没有臭氧的氧化性强等。由于晶体里原子的排列方式不同，造成金刚石和石墨的差异很大，金刚石是目前自然界中硬度最大的物质，可以用来切割玻璃，也被用做钻探机的钻头，金刚石俗称钻石，用来制作首饰；石墨则柔软得多，可做铅笔芯、润滑剂等。

做一做

制作金刚石球棍模型

1. **实验器材**

    橡皮泥（超轻黏土）、牙签。

2. **实验步骤**

    （1）用橡皮泥捏成大小相同的小球代表碳原子。

    （2）按照金刚石结构图，用牙签将碳原子连接，制作金刚石的微观球棍模型。

金刚石的结构

扫一扫二维码，登录中国数字科技馆，看看实验过程及现象。

阅读理解

碳纳米管

碳纳米管是继C60之后发现的碳的又一同素异形体，是1991年日本科学家饭岛在高分辨透射电子显微镜下检验电弧设备中产生的球状碳分子时意外发现的。

碳纳米管可以看作石墨烯（一种只有一个碳原子厚度的材料）片层卷曲而成的具有管状结构的纳米材料，按照石墨烯片的层数可分为单壁碳纳米管和多壁碳纳米管。它的直径一般为几纳米到几十纳米，长度为几微米到几十微米。碳纳米管被认为是一种典型的一维纳米材料。

碳纳米管因其独特的结构和物理及化学性质而有着广阔的应用前景。

①碳纳米管具有优良的力学性能，它的拉伸强度是钢的100倍，而密度却只有钢的1/6，其强度及韧性都远优于其他纤维材料，所以被称为"超级纤维"，在功能材料、复合材料等领域应用广泛。

②碳纳米管具有金属导电性和半导体性，可用于制作分子电子器件、半导体器件、电极材料等。

③碳纳米管自身重量轻，具有中空的结构，可以作为储存氢气的优良容器，储存的氢气密度甚至比液态或固态氢气的密度还高。碳纳米管良好的储氢能力可用于制造质子交换膜燃料电池，这种电池很可能会成为新型汽车的动力源。

④碳纳米管具有优异的吸附能力，可作为良好的微污染吸附剂用于处理废水等，在环境保护中发挥作用。

⑤碳纳米管具有纳米级的直径，给物理学家提供了研究毛细现象机理最细的毛细管，给化学家提供了进行纳米化学反应最细的试管。碳纳米管上极小的微粒可以引起碳纳米管在电流中的摆动频率的变化，利用这一点，1999年，巴西和美国科学家发明了精度为10^{-17}千克的纳米秤，能够称量单个病毒的质量。随后德国科学家研制出能称量单个原子质量的纳米秤。在治疗癌症方面，碳纳米管也发挥着十分重要的作用。

除上述应用外，碳纳米管在信息存储、纳米机器人、传感材料等领域也有应用。

12. 身边的元素 太阳的元素

课程设计：孙伟强 康娜

探索发现

杯子、椅子、花瓶、窗帘、桌子这些物品都是我们生活中经常见到的，但是你知道这些东西的结构吗？它们又包含哪些元素呢？

万物生长靠太阳，它为我们提供了光和热，如果没有太阳，我们将生活在一个无法想象的黑暗世界里，但是，太阳的成分是什么？人类是如何探知到太阳元素的呢？来中国科技馆"探索与发现"A厅，就能找到这些问题的答案啦！

身边的元素

资源简介

1. 装置简介

如右图，展品呈现了一个半封闭式起居室场景，房间里摆放着杯子、椅子、花瓶、窗帘、桌子等物品，并在前方摆放了两个激光发射器。

2. 操作方法

左右两个激光发射器并没有区别，观众可以选择其中一个进行操作，当握住激光发射器时，激光即被触发，您可以上下左右操控发射器，对准自己想了解的物品模型，瞄准后按下确定按钮。

3. 现象

当我们操作发射器，对准了瞄准的物体，按下确定按钮后，伴随着"嘀"的一声响，发射器上方的多媒体显示屏将会演示该物品的分子结构及组成元素。

身边的元素

太阳的元素

资源简介

1. 装置简介

如下图,我们可以看到一个模拟太阳的光球镶嵌在圆形的展台之中,光球正前方是一个可自由转动的光谱仪,光球两侧是罩在透明圆柱体中的氦灯和钠灯。

2. 操作方法

观众可以亲自操作光谱仪去瞄准氦灯、钠灯和太阳光球,当选择其中一个之后,按确定按钮后在屏幕上得出氦、钠两种元素和太阳组成元素的光谱,了解利用物质光谱分析发现太阳元素的科学研究方法。

3. 现象

当转动展项前的光谱仪瞄准前方光球或氦灯和钠灯时,显示屏中待机画面停止播放,而是显示所瞄准对象的光谱,通过与屏幕中的基础光谱进行比对,就可以知道它们是何种元素了。

太阳的元素

分析解释

我们身边的物质种类繁多,数不胜数,但组成这些物质的元素只有一百多种。例如我们常见的餐具是由铁、铝等金属元素组成的,木制品是由碳、氢、氧三种元素组成的,玻璃杯是由钠、钙、硅、氧等元素组成,大理石是由钙、碳、氧等元素组成。

什么是元素?在初中化学中我们学习到,元素是原子核中质子数(核电荷数)相同的一类原子的总称,各种元素的本质区别即质子数不同。正如大家在显示屏中看到的,质子数为8的原子我们统称为氧元素;质子数为6的原子为碳元素。不同种物质,元素组成可能相同。例如展品中的木质品和红酒,其主要组成元素均为碳、氢、氧,但它们的分子结构不同,因此它们的性质也不相同。

自然界的物质大多数是混合物,即由两种或两种以上的物质混合而成的,只有少数物质是由一种物质组成,即为纯净物。例如我们赖以生存的空气就是由氧气、氮气、稀有气体、二氧化碳等物质组成的混合物。在纯净物中,由一种元素组成的,我们称为单质,例如氧气、氮气等,由多种元素组成的纯净物,我们称为化合物,例如二氧化碳。

扫一扫二维码,登录中国数字科技馆,看看实验过程及现象。

做一做

生活小调查：厨房中的元素

1. 在厨房中找到一些物质如食盐、食醋、纯碱、小苏打、白酒等，再找一些器皿如锅、碗、盆等。
2. 阅读标签或查阅资料，找出这些物质和器皿的组成元素。
3. 尝试从物质分类的角度判断各物质的类别。

观察思考

1. 操控激光发射器，了解身边常见物质的元素组成。
2. 思考各种元素的区别与联系。
3. 思考元素组成相同的物质，为什么化学性质不同。

阅读理解

太阳的元素

对于我们赖以生存的地球来说，太阳是万物生长的能量源，它为生命带来了温暖，给大地带来了光明。然而在我们眼中光芒万丈的太阳，是由什么元素组成的呢？

关于太阳的成分，单靠望远镜是看不出来的，有关太阳内元素的组成是通过分光镜观察太阳光的光谱分析得来的。什么是光谱分析呢？每种原子都有自己的特征谱线，就像人的指纹一样，在实验室里我们可以根据这些特征谱线来鉴别物质进而确定它的化学组成，这种方法即称为光谱分析。利用光谱分析帮助人们发现了许多新元素，例如，铷和铯就是从光谱中看到了以前所不知道的特征谱线而被发现的。

19世纪初，科学家们在研究太阳光谱时，发现太阳光经过分光后形成按红橙黄绿蓝靛紫次序连续分布的彩色光谱。它的连续光谱中有许多暗线，最初人们不知道这些暗线是怎样形成的，后来了解了吸收光谱的成因，才知道这是太阳内部发出的强光经过温度比较低的太阳大气层时产生的吸收光谱。仔细分析这些暗线，把它跟各种原子的特征谱线对照，人们就知道了太阳大气层中含有氢、氦、氮、碳、氧、铁、镁、硅、钙、钠等几十种元素。通过光谱分析我们还能确定元素含量。经过测定，太阳的元素中含量最多的是氢元素，其次为氦元素。

关于太阳光谱的测定，还有这样一个小故事。1868年8月，法国天文学家让桑在印度观测日全食时，发现在日珥光谱中，对应于元素钠的两条黄色光谱线的附近有一条陌生的黄线。同时，英国的天文学家洛基尔在本国观测时，也发现了这条黄线，并将其命名为Helium，这个词来源于希腊文的"太阳"，中文将其译为"氦"元素，为英语Helium一词首音节的音译，因此，氦元素在最初也被称作"太阳元素"。

在中国科技馆"太阳的元素"展台上，就摆放着模拟观察太阳光谱的展品。展台中央是一个模拟太阳的光球，你可以亲自操作光谱仪扫描氦灯、钠灯和太阳光球，得出氦、钠两种元素和太阳组成元素的光谱分析，通过与屏幕中的基础光谱进行对比，就可以知道它们是何种元素。

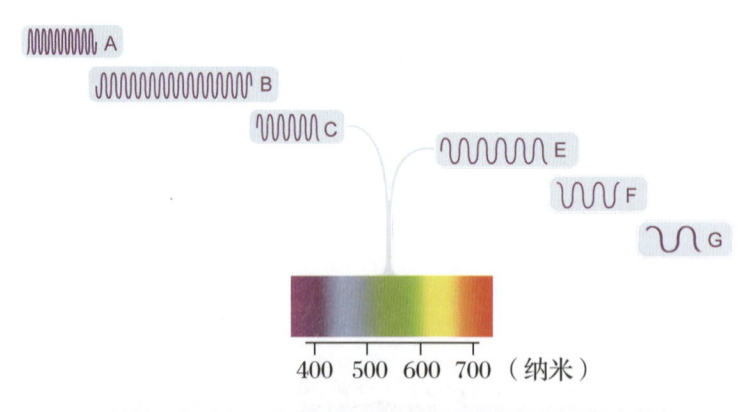

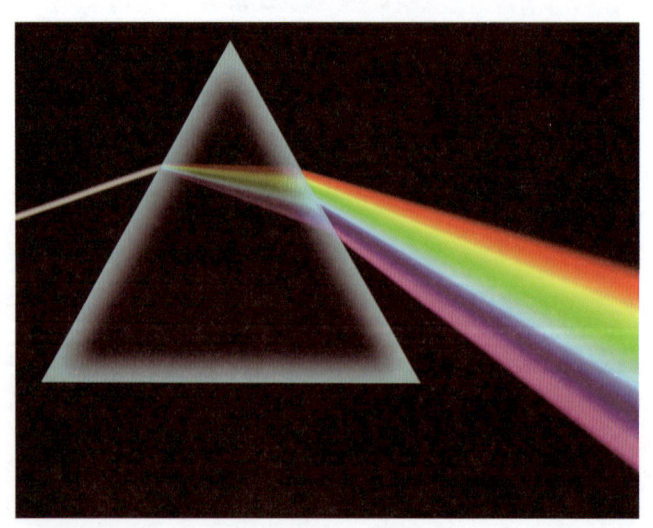

13. 微观粒子结构探索

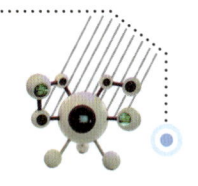

课程设计：张志坚　宋守欣

探索发现

物质究竟是由什么组成的？看不见也摸不着的微观世界是什么样的？从古至今，人类从未停止过对微观世界的探索。但由于微观粒子太小了，人们用肉眼根本观察不到，所以很难相信微观粒子的存在。让我们去中国科技馆二层"探索与发现"主题展厅的"物质之妙"展区，跟随科学家进行微观粒子结构的探索吧！

资源简介

在中国科技馆"探索与发现"展厅"物质之妙"展区，展示了人类探索微观粒子结构的基本过程，该展项由四部分组成。

汤姆逊阴极射线实验演示

1. 装置简介

如右图展示的是在圆形展台上放着的模拟汤姆逊发现电子的实验装置，圆形展台上有操作按钮。

2. 操作方法

按下左边的按钮，玻璃罩的阴极射线管模型中出现一道绿色的光。展品右边是一个转盘，中央镶着一组磁铁，转动转盘，观察阴极射线管中绿色的光会发生什么变化。

3. 现象

我们可以观察到阴极射线管中绿色的光发生了偏转。光发生偏转，说明受到了磁场的影响，意味着光是由一种带电粒子组成的。

汤姆逊阴极射线实验演示

卢瑟福α粒子散射实验演示

1. 装置简介

如下图展示的是卢瑟福α粒子散射的实验装置，圆形展台的正前方是一个接收屏，后面是一个玻璃罩，玻璃罩内放置了一个"金箔片"，再往后是模拟的一个能产生α粒子射线的装置。

2. 操作方法

开始实验，移动接收屏，观察接收屏中收到的信号。

3. 现象

移动接收屏，当其与射线源、金箔成一条直线时，接收到的信号最强，偏转的角度越大，信号越弱。这说明，金原子内部大部分是空的，射线粒子可以直接穿过。所以，原子应该是由一个极小的核心和若干电子组成的，这就是卢瑟福的原子模型。

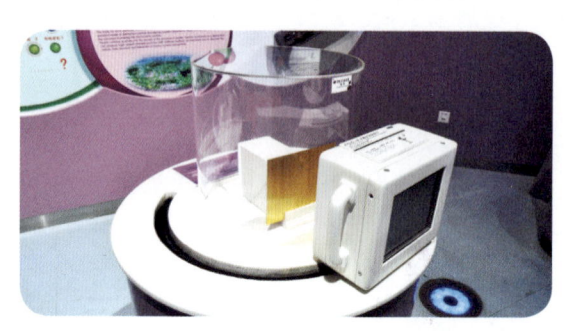

卢瑟福α粒子散射实验演示

氢原子有多大

1. 装置简介

圆形展台上有一个不透明的玻璃罩，玻璃罩中有1个台灯，圆形展台的操作板上有三个选择按钮，如下图所示。

氢原子有多大

2. 操作方法

展品提出一个问题：如果一个氢原子有整个科技馆那么大，那么原子核有多大？我们要认真思考，然后按下相应的按钮选择答案。

3. 现象

如果答案正确，不透明玻璃罩会变成透明的。

半立体加速器模型演示

1. 装置简介

如下图是一个镶嵌在展墙中的半立体加速器模型，在加速器模型的正前方有一个脚踏开关。

2. 操作方法

当我们踏下开关时，LED灯会逐渐亮起。

3. 现象

LED灯发光，代表粒子在做加速运动。当此粒子与另一个与之相反方向加速运动的粒子对准同一点相撞，就能够产生出几种不同的新粒子。

半立体加速器模型演示

观察思考

1. 粒子的发现带我们走进了微观世界，请你说说，都有哪些科学家为微观粒子的发现作出了杰出的贡献？
2. 原子并不是一个实心的球体，那它的内部结构是什么样的呢？

分析解释

人类对于物质是由微观粒子构成的认识由来已久。早在公元前5世纪，古希腊学者德谟克利特就认为万物都是由大量的不可分割的微粒构成的，并把这种微粒叫做原子（希腊文原意是"不可分割"）。我国古代也有"端"的概念，认为它是物质不能再分的最小单位。当时这些观念是人们根据对自然现象的观察而想象出来的，是没有经过实验验证的。直到1803年，英国科学家道尔顿在科学实验的基础上，提出"物质是由不可分割的原子所组成"的科学假说，并认为构成物质的原子是不可分割的实心球体。

原子真的是一个不可拆分的、不显电性的实心球体吗？汤姆逊在研究阴极射线时发现，在外界磁场的作用下，阴极管内射线会跟随磁场转动方向而发生改变，由此发现了电子。在此实验的基础上，他在1904年提出原子的"葡萄干—布丁无核"模型，该模型认为原子是由带正电的球体和带负电的电子构成的，从而打破了道尔顿的原子不可分的传统认识，使人类在认识微观粒子的道路上前进了一大步，但人类探索微观粒子的脚步并没有就此停止。卢瑟福通过著名的"α粒子散射实验"于1911年提出了原子的有核模型。在实验中，用α射线轰击金箔，发现绝大多数α粒子能够直接穿过，有少数α粒子发生偏转，极少数被反弹回来。经过对实验的分析和推理，他认为原子应分成原子核和电子两部分，且电子绕核旋转，就像行星绕太阳旋转一样。这个模型被称为"太阳系模型"或"原子行星模型"。1913年玻尔在原子有核模型的基础上提出电子分层运动的原子模型，称为"电子壳层模型"。

回顾人类探索微观粒子结构的历程，不难发现，科学的发现都是在前人的基础上，经过不断的验证和修正，螺旋式上升的。至今科学家对微观粒子结构的探索并没有止步，依然在不懈地进行探索。

扫一扫二维码，登录中国数字科技馆，看看实验过程及现象。

模拟α粒子轰击金箔实验

1. **实验器材**

   粗铁丝，细铁丝，乒乓球5个，胶条，细绳，钳子。

2. **实验过程**

   （1）用粗铁丝做4个半径约20厘米的圆环，再用细铁丝将乒乓球固定在圆环的中心。

   （2）将4个圆环连接在一起。

   （3）将圆环用细绳和胶条固定在门框两侧。

   （4）站在离圆环约5米远的地方，向圆环扔乒乓球100次，统计乒乓球在穿过圆环不同区域的次数。

   （5）把上图的4个圆环画在纸上，并标注乒乓球穿过圆环的位置。

3. **注意事项**

   注意安全，小心铁丝扎伤手。

阅读理解

质子的发现

人类对客观物质的认识是多角度的，一方面通过不断地拆分物质发现了微粒，另一方面在探索各种物质的共同组成时提出了化学元素，并开始用化学符号来表示物质的组成及元素。

卢瑟福在原子科学领域作出了杰出的贡献。首先，他提出假设，认为原子内部存在一个质量很大体积却很小的聚集有正电荷的一个核体，把它叫做原子核。原子的内部像太阳系一样，原子核处于中心位置，电子围绕核运转。无论是原子核还是电子，它们都比原子小很多，如果把原子的大小比作鸟巢的话，那么核和电子也不过如黄豆一般大小，由此可见原子内部是非常空旷的。

由于原子内有带负电的粒子，而原子是中性的，卢瑟福考虑到原子核必然是由带正电的粒子组成。带正电粒子的特征如何呢？他便以氢原子为例进行研究。氢原子是最轻的原子，它的原子核也许是组成一切原子核的最小微粒。氢原子核本身带一个单位的正电荷，质量是一个氧单位（现在多用碳单位），因此卢瑟福把它叫做"质子"，这便是卢瑟福的质子假说。1919年，卢瑟福验证了自己的质子假说是正确的。他用类似于"子弹"的α粒子去轰击氮、氟、钾等元素的原子核，速度是2万千米/秒，实验过程中产生了一种质量是1，电量是1的微粒，这种微粒正是质子。

元素的种类由质子数来决定，质子数不同即元素种类不同。质子迄今为止都被认为是一种相对稳定、不发生衰变的粒子，也有一些理论认为质子可能衰变，只是它的寿命长而已，但至今仍没有相关实验数据证明质子会发生衰变。

14. ^{14}C 定年

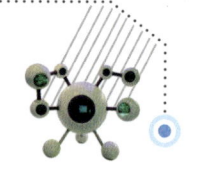

课程设计：张志坚　杨海英

探索发现

自然界存在着不断产生^{14}C的条件，^{14}C在全世界很快循环混合，使处于交换状态的各^{14}C储存库中的物质都具有一定水平的^{14}C放射性，但含碳物质一旦停止了交换，^{14}C得不到补充，原有的^{14}C就会按放射性衰变规律减少。测出其剩余^{14}C放射性与原有^{14}C放射性作比较，就可以计算出停止交换的具体年代。应用这个方法，可以解决考古学、地质学中出土文物的年代问题。想更深入地了解相关内容，就让我们去参观中国科技馆二层"探索与发现"A厅"^{14}C定年"这件展品吧！

资源简介

1. 装置简介

展品"^{14}C定年"位于中国科技馆二层"探索与发现"A厅"物质之妙"展区。

在浮雕质感的地层剖面中，观众可以看到有棺椁、植物种子、人类头骨、甲骨、陶罐、古币、玉器、青铜器等不同年代的古代遗存。展墙前设有一个滑轨，滑轨上有一个显示屏，可以沿既定轨道上下左右滑动。

2. 操作说明

操作者选择不同地层中的古代遗存，移动显示屏到其上方。

3. 现象

当显示屏停留在遗存上方时，该感应点的播放装置即被触发，操作者就可以在显示屏中观看该遗存的^{14}C定年及^{14}C定年的原理和相关的知识，同时介绍^{14}C元素的形成、核反应与核衰变等内容。

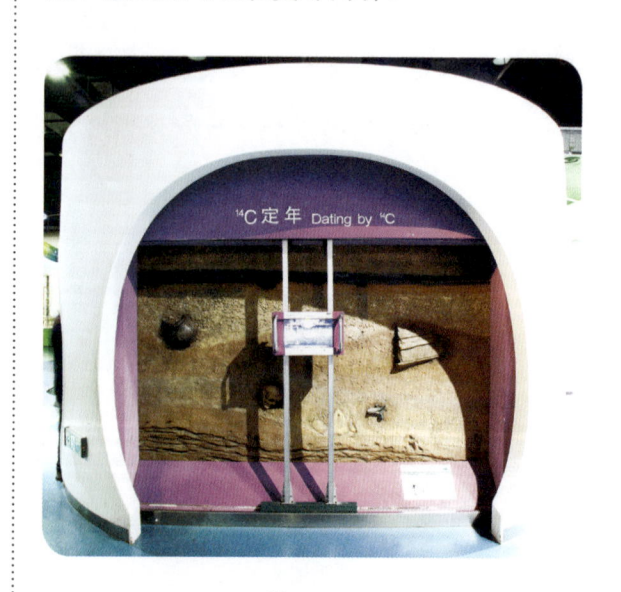

^{14}C定年

观察思考

1. 什么是^{14}C？
2. 考古学家为什么可以通过测定^{14}C含量知道动植物的死亡时间？

分析解释

^{14}C是一种放射性原子（质子数6，中子数8），它在地球上存在的量很少。每种放射性原子都会衰变（衰变指放射性原子的原子核放射出粒子转变为另一种原子的过程），衰变的时间是固定的。放射性原子的原子核有半数发生衰变时所需要的时间称为半衰期，^{14}C的半衰期是5730年。

利用宇宙射线产生的放射性元素^{14}C来测定含碳物质的年龄，称作^{14}C定年。只要植物或动物活着，它们就会持续不断地吸收含有^{14}C的二氧化碳，并在机体内保持一定的水平，当有机体死亡后，就会停止吸收，其组织内的^{14}C便以5730年的半衰期开始衰变并逐渐减少，但稳定同位素^{12}C的含量不会变。

对于任何含碳物质，只要测定其剩下的放射性^{14}C的含量，就可推断出其年代。

在初中化学中把所有具有相同质子数的原子归为一类，称为元素。也就是说，同一种元素原子的质子数一定相同，但原子核内除了质子，通常还有中子，如果这些原子的中子数不相同，就互称为同位素。^{14}C是碳元素的一种同位素，该原子中含有6个质子和8个中子，质子数和中子数之和为14，称为质量数。碳元素还有另外两种同位素，分别为^{12}C和^{13}C。

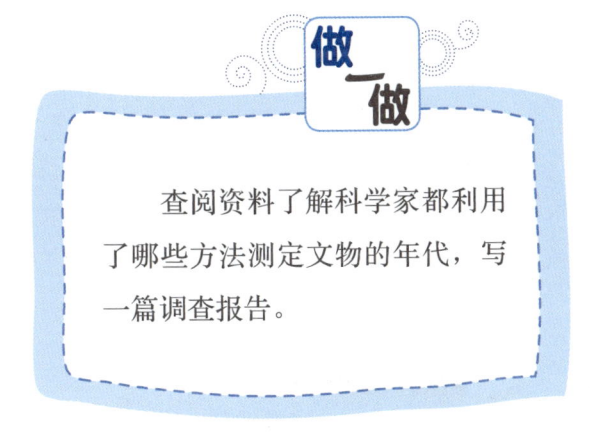

做一做

查阅资料了解科学家都利用了哪些方法测定文物的年代，写一篇调查报告。

扫一扫二维码，登录中国数字科技馆，看看实验过程及现象。

阅读理解

幽门螺旋杆菌

幽门螺旋杆菌是一种螺旋形、微需氧的革兰氏阴性杆菌，可导致胃炎、消化道溃疡等疾病。开始科学家认为，在胃液的强酸性环境中，不可能存在细菌，同时认为胃炎等疾病是由于压力过大或是食用了辛辣刺激性食物导致的。直到1983年首次从慢性活动性胃炎患者的胃黏膜活检组织中成功分离出了幽门螺旋杆菌，人们才知道人类的胃中生存着一类微生物，它也是目前已知的唯一一类微生物。

检测幽门螺旋杆菌的方法有很多，^{14}C呼气试验是临床检测幽门螺杆菌感染的一种方法。被检者空腹，用约20毫升凉开水口服一粒含^{14}C尿素胶囊，静坐25分钟后，用一次性吹气管向二氧化碳吸收剂中吹气，再将吹完气的样品交给医生做检测。

哺乳动物细胞中不存在尿素酶，而幽门螺旋杆菌中富含高活性尿素酶。虽然尿素酶并不是幽门螺旋杆菌特有的，但胃内存在尿素酶是幽门螺旋杆菌存在的证据，因为胃中尚未发现其他种类细菌的存在。检测前受检者口服尿素胶囊，如果胃内有幽门螺旋杆菌，其产生的尿素酶会催化尿素迅速水解成铵根离子和含^{14}C的碳酸氢根，后者进入血液经肺以含^{14}C的二氧化碳形式呼出，收集呼气标本并测量其中是否存在放射性元素^{14}C，便可判断有无幽门螺旋杆菌的感染。

幽门螺杆菌的传染力很强，可通过手、不洁食物、不洁餐具、粪便等途径传染，其在水中也可以存活，所以，日常饮食要养成良好的卫生习惯，预防感染。

15. 芳香物质

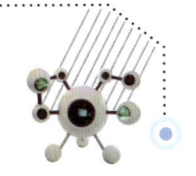

课程设计：黄践　康娜

探索发现

日常生活中，你是否会接触到一些散发着芳香气味的物品，比如香水、空气清新剂等，这些芳香的气味丰富了我们的生活，让我们的生活变得愉悦而美好。

但是你知道吗？这些芳香物质其实是从气味难闻的煤焦油、石油中提炼来的。如果你有机会到中国科技馆二层"探索与发现"A厅的"物质之妙"展区，可以去看看"芳香物质"这件展品，通过介绍芳香物质的产生过程，让你亲身体验这神奇的变化。

资源简介

1. 装置简介

这件展品展示的是石油经过一系列复杂的化学变化生成芳香物质的过程。展品左侧是石油展示装置，中部展示芳香物质产生过程，右侧是气味发生器。

2. 操作方法

按下展品左侧石油展示装置上的按钮，凑近容器口，闻闻石油的味道。拉动展台上的滑杆，观看屏幕了解石油到芳香物质的变化过程。按下展品右侧味道发生器中的按钮，闻闻变化后的味道。

3. 现象

当按下展品左侧石油展示装置上的按钮时，可闻到石油刺鼻的气味。操作展品右侧气味发生器可闻到三种不同的芳香气味。

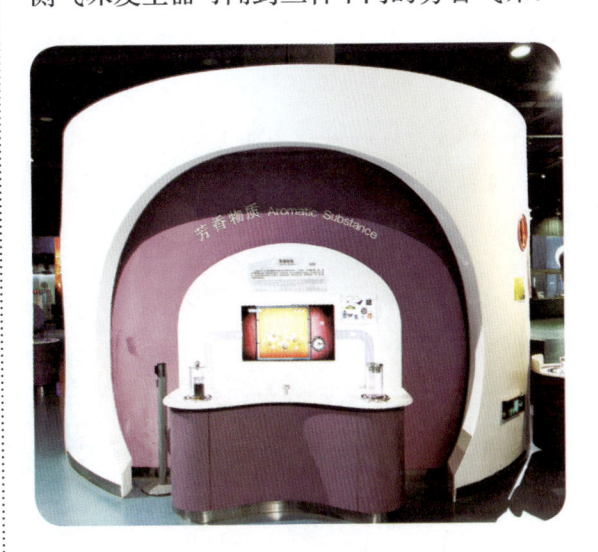

芳香物质

观察思考

1. 分别试闻左侧展台石油的气味和右侧展台三种芳香物质的气味，体验其气味的差异性。思考二者之间的区别与联系。

2. 操纵滑杆，观看石油转化为芳香物质的视频，思考芳香物质的生成过程。

做一做

芳香物质小调查

生活中能够散发香味的物质一般都添加了香料，香料中的芳香物质一般都含有能够散发香味的芳香基团，如苯基、羟基、醛基和醚基等。

1. 找出家里能够散发香味的物品，例如空气清新剂、化妆品、洗发液、食用香料等，闻其香味，阅读标签，找出其中含有的芳香物质，如苯甲醇、乙醚、香兰素等。

2. 查阅资料了解能够散发香味的物质的种类、性质及其分子结构特点。

分析解释

我们在生活中经常会接触到芳香物质，其可分为天然和合成两类，例如我们闻到的花香就是天然芳香类物质，而在空气清新剂中加入的就是合成的芳香物质。

你能想到吗？人工合成的芳香物质最初来源于黑色黏稠的煤焦油。随着科学技术的发展，现在大多数芳香物质为石油化工产品。石油是含有多种碳氢化合物的混合物，主要组成元素是碳和氢，同时还含有少量的氧、氮、硫等元素。我们可以利用石油中各组分不同的沸点，分馏得到汽油、柴油、煤油等含碳原子少的轻质油和含碳原子较多的重油。为了提高石油的利用率，化工生产中将石油进一步催化裂解和重整，就得到了苯和甲苯等芳香烃类物质，这些物质通过人工合成，就得到了苯甲醇、苯甲醛、香兰素等具有芳香气味的物质。

通过这样一系列复杂的化学变化，刺鼻的石油就转化成了能够散发香味的物质。由此可见，物质的组成、结构发生变化后，它的颜色、气味、形态和性质等也随之变化。我们在初中化学中也涉及这样的实例，无臭无味的氧气在紫外线的作用下可以生成具有鱼腥味的臭氧；具有毒性的一氧化碳燃烧后，就生成了无毒的二氧化碳；具有消毒杀菌功能的过氧化氢分解后就生成了水。

扫一扫二维码，登录中国数字科技馆，看看实验过程及现象。

阅读理解

苯的发现史

芳香类物质大多是含有苯环的化合物及其衍生物，如甲苯等。对于苯的认识，有这样一个小故事。

19世纪初，英国和其他欧洲许多国家都已使用煤气照明，煤气通常是压缩在桶里贮运的，这种桶里总剩下一种油状的液体，但长时间被人忽略。英国科学家法拉第对这种油状液体产生了浓厚的兴趣，他花了整整五年时间，采用蒸馏的方法对这种液体进行了分析，从中得到了一种无色油状液体，并通过对数据的分析，发现这种液体是由碳和氢按1:1的比例构成的，他将这种液体称为"氢的重碳化合物"，这就是我们现在认识的苯。

后来，法国科学家热拉尔等人进一步确定了苯的相对分子质量为78，分子式为C_6H_6。苯分子中碳含量如此高，那么它到底是什么结构呢？凯库勒是一位极富想象力的化学家，长期被苯分子的结构所困扰。一天夜晚，他在书房中打起瞌睡，眼前又出现了旋转的碳原子。碳原子的长链像蛇一样盘绕卷曲，忽见一条蛇咬住了自己的尾巴，并旋转不停。他像触电般猛然醒来，终于提出了苯分子的结构。1865年，他以苯（1）式来表示这一结构。1866年，他又提出苯的结构是一个由6个碳原子以单、双键相互交替结合而成的环状链（2）式，后又简化为（3）式，也就是我们现在熟知的凯库勒式。

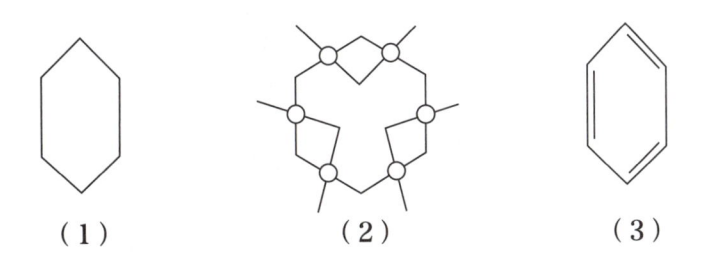

凯库勒说："让我们学会做梦吧！那么，我们就可以发现真理。"但凯库勒在梦中发现苯分子的结构式并不是偶然的，这与他渊博的知识、丰富的想象力与执着的精神是分不开的。由于凯库勒善于独立思考，捕捉直觉形象，加之他能以事实为依据，以严谨的科学态度进行多方面的分析和讨论，才确定了苯的结构式，为后人留下了宝贵的财富。

16. 光敏花园

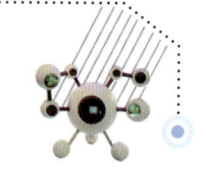

课程设计：孙伟强　高国栋

探索发现

世界因为有了颜色而五光十色，生活因为有了颜色而多姿多彩。美丽的鲜花、湛蓝的天空、碧绿的草地，这一切都是大自然的馈赠。随着科技的发展，人类已经能用多种方式来表现和应用颜色了，变色材料就是其中的一种，它的研制和应用给我们带来了耳目一新的多彩生活。

资源简介

1. 装置简介

展品展示了一个多彩的丛林场景。展品的窗口内部为一丛林场景图，在丛林里穿插摆放着用光敏材料制作的动植物模型。整个丛林场景颜色偏浅，色彩饱和度不高。在展柜内，玻璃观察窗口上方安装有紫外灯装置，展品前方有一个手型感应装置和LED灯带。

2. 操作方法

当观众将手放在观察窗口外的手型感应装置上时，展台上的LED灯带会由右至左依次亮起。当最左端的LED灯亮起时，紫外灯就会照亮整个场景。

3. 现象

当用手接触观察窗口外的手型感应装置，最左端的LED灯亮起时，紫外灯就会照亮整个场景，我们会观察到动植物模型的颜色变得更加鲜艳。灯灭之后，窗外的LED灯从左到右依次熄灭，动植物模型的颜色逐渐恢复。

光敏花园

观察思考

1. 当LED灯亮起时，展品中哪些物体的颜色变得更加鲜艳？为什么？
2. 光敏材料变色的原理是什么？

分析解释

材料是人类赖以生存和发展的物质基础。传统的材料主要有金属材料、无机非金属材料、有机高分子材料等。随着科技发展，现代社会出现了许多具有特殊功能的新型材料。展品中动植物模型的颜色之所以会随着灯光的变化而变鲜亮或消退，是因为这些动植物模型是由光敏材料制作的。所谓光敏材料指该材料中的物质A在一定波长的光照射下，发生化学反应生成产物B，而A和B的颜色明显不同，物质B在另一波长的光照射下发生逆反应生成物质A。简单来说，就是在不同的光照射下，物质A和物质B可以互相转化。大家非常熟悉的变色眼镜，就是在琉璃中加入少量卤化银作为感光剂，当玻璃受到紫外线或可见光短波照射时，银离子被还原为银原子，若干银原子聚集成胶体而使玻璃颜色变深，当光照停止后，银原子又变成银离子而褪色。光敏变色材料在生活中有着广泛应用，如服装、军事伪装、票据证件防伪等。

做一做

感温变色泥

1. **实验器材**

   感温变色泥。

2. **操作步骤**

   （1）触摸、拉伸变色泥，观察其变色过程。

   （2）充分发挥想象，用变色泥捏制一些物体，然后分别放入冷水和热水中，观察神奇的变色过程。

扫一扫二维码，登录中国数字科技馆，看看实验过程及现象。

阅读理解

热敏变色纤维

在庆祝英国皇家化学学会成立150周年而举行的一次别开生面的服装展示会上，模特儿身着不断变换色彩的服装，犹如彩虹般艳丽夺目，把世人带入了一个色彩斑斓的童话世界。之所以可以呈现出这样神奇的艺术效果，是因为这些服装并不是用普通纤维制成的，而是用热敏变色纤维制成的。所谓热敏变色纤维指在不同温度下会显示不同颜色的纤维，也就是纤维的颜色会随温度的变化而变化。热敏变色纤维的获得方法一般是将热敏变色剂充填到纤维内部或将含热敏变色微胶囊的氯乙烯聚合物溶液涂于纤维表面，并经热处理使溶液成凝胶状来获得可逆的热敏变色功效。英国默克化学公司就是将热敏化合物掺到染料中印染到织物上制取变色衣料的。染料由树脂黏合剂的微小胶囊组成，每个胶囊内都有液晶，液晶能随温度的变化而呈现不同的折射率，使服装变幻出多种色彩。通常温度较低时服装呈黑色，在28℃时呈红色，到33℃时则会变成蓝色，介于28～33℃时，服装会显示出其他各种色彩，也就是说这种面料在常温范围内可以显示出缤纷的色彩。

17. 钢铁是怎样炼成的

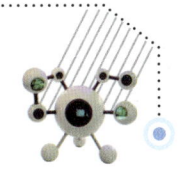

课程设计：黄践　高国栋

探索发现

你了解钢和铁的冶炼工艺及过程吗？你知道矿石是如何通过反应变化成为我们生产生活中不可缺少的钢铁材料的吗？让我们带着这些问题，到中国科技馆二层"探索与发现"A厅的"物质之妙"展区，去了解"钢铁是怎样炼成的"的吧！

资源简介

1. 装置简介

这件展品包含"铁的冶炼""钢的冶炼"与"钢的应用"三部分。"铁的冶炼"部分有一台"高炉"模型，"钢的冶炼"部分有一台"转炉"模型，"钢的应用"部分有两个咬合的齿轮，上下齿轮形成四组对应关系，可以直观地了解钢材的四种不同应用。

2. 操作方法

通过扳动"高炉"模型下方的扳手，开始炼铁，触发炼铁的动画播放。通过扳动"转炉"模型下方的扳手选择"生铁铸造"或"继续炼钢"，决定铁水去向。转动展品右侧齿轮，了解钢的应用。

3. 现象

在"高炉"模型中，可看到"炼铁"动画，在"转炉"模型中可看到"生铁铸造"动画与"炼钢"动画。

钢铁是怎样炼成的

观察思考

1. 生铁和钢是铁的两种合金，二者的主要区别是什么？
2. 在炼铁高炉中铁矿石是如何转化为生铁的？
3. 在转炉中如何将生铁转化为钢？

分析解释

金属材料在人类的发展和社会的进步过程中起着重要的作用。其中应用最广泛的金属材料就是有着"工业的骨骼"之称的钢铁。2015年全球的粗钢产量达到16.2亿吨。虽然铁元素在地壳中的含量非常丰富（位居所有元素中的第四位，金属元素中的第二位），但是铁元素在自然界中不是以单质形式存在的，而是以化合物的形式存在于地壳中。这就需要利用化学反应将化合物中的铁元素还原为铁的单质。

所谓炼铁就是在一定条件下利用还原剂把铁矿石中的铁元素还原出来生成单质铁的过程。常见的铁矿石有赤铁矿（主要成分是Fe_2O_3）、磁铁矿（主要成分是Fe_3O_4）和菱铁矿（主要成分$FeCO_3$）等。炼铁的原料主要有铁矿石、焦炭和石灰石（起造渣作用，目的是使矿石中熔点很高的二氧化硅形成炉渣而与铁水分离）。工业炼铁是一个复杂的过程，将原料按一定比例分层加入炼铁炉中，炼铁炉下部吹入热空气，首先焦炭与氧气反应生成二氧化碳，放出大量热能，紧接着二氧化碳和焦炭在高温条件下反应生成一氧化碳，一氧化碳在高温下与铁矿石反应生成铁和二氧化碳，由于炉内温度非常高，此时被还原出来的铁是液态，会从炉底流出。炼铁炉炼出的铁由于含碳量比较高（2%以上），所以属于生铁。由于生铁中过高的碳含量，影响了其机械性能，比如生铁只可铸造不适宜锻造，所以，在实际生产中，生铁主要用于炼钢。炼钢的原理是，在高温下，氧气把生铁中过量的碳和其他杂质分批氧化成气体或炉渣而除去。在炼钢的过程中，根据需要添加一些特殊的成分，可以得到不同类型的钢，如锰钢、不锈钢和硅钢等。

初中化学中利用相应装置模拟了炼铁的过程。

在实验中可以观察到，玻璃管中红色粉末逐渐变成黑色，这些黑色粉末即为被还原出来的铁，澄清石灰水变浑浊，证明有二氧化碳产生。此反应过程的化学方程式如下。

$$Fe_2O_3 + 3CO \xrightarrow{\text{高温}} 2Fe + 3CO_2$$

做一做

查阅资料了解我国钢铁生产的现状（主要的钢铁公司、生产基地、原材料、产品品质、国际竞争力及对环境的污染情况等），并写一份调查报告。

阅读理解

铝的冶炼

铝是地壳中含量最多的金属元素，但人类使用金属铝的历史并不是很长。其原因主要是铝的化学性质活泼，一般物质很难将化合态的铝还原成单质铝。1886年，美国大学生霍尔和法国大学生埃罗，各自独立地研究出了通过电解熔融的铝矾土和冰晶石的混合物制得金属铝的方法，这也奠定了铝大规模生产的基础。铝元素以化合物的形式存在于各种岩石或矿石里，如云母、铝土矿、长石、高岭石和明矾石等。从铝土矿中提取铝，首先，将铝土矿溶解于氢氧化钠溶液中，转化为可溶性的偏铝酸钠，过滤除去残渣。接着向滤液中通入过量二氧化碳，将偏铝酸钠转化为氢氧化铝沉淀，过滤并灼烧氢氧化铝，转化生成氧化铝。最后，电解熔融的氧化铝得到铝和氧气。由于氧化铝的熔点高（2054℃），所以电解时加入冰晶石以降低铝熔融时的温度。随着科技的发展，金属铝及其合金的应用越来越广泛，产量也在逐年增加，2016年全球电解铝总产量已经达到了5889万吨。

扫一扫二维码，登录中国数字科技馆，看看实验过程及现象。

18. 谁是大赢家

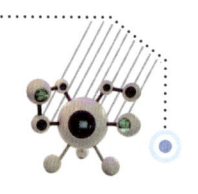

课程设计：曹朋　罗丽

探索发现

人体机能的正常运转需要通过饮食来维持，不同的食物可以提供不同的营养素和能量。因此，合理膳食能够为人体提供均衡的营养，进而提高人的健康水平，而膳食不合理，则会导致营养过度或不足，进而给人的健康带来不同程度的危害。想知道什么样的膳食才是合理的？每种营养素和能量都是由哪些食物提供的？快来中国科技馆三层"科技与生活"A厅通过"请您点餐"和"谁是大赢家"展项一探究竟吧！

资源简介

1. 装置简介

该展项由"请您点餐"和"谁是大赢家"两部分组成，通过信息采集和多种互动游戏的设置，让观众在游戏中了解食物中的营养成及如何有效地选择食物，获得需要的营养。

2. 操作方法

请您点餐

观众在展项入口处站立片刻，侧面的红外感应装置和地面的体重采集器采集观众的身高及体重信息，之后观众被随机分配参与"点餐"和"电子菜谱"两个游戏。"点餐"游戏的触摸屏桌面上显示有各类菜品，观众自行选定菜品，屏幕上会显示所选菜品的营养成分并给出其是否适合参与者本人食用的建议。"电子菜谱"游戏由立于桌面的电子显示屏和平放于桌面的模拟书组成。观众选定某一页时，显示屏上会显示出菜品的立体图像，并对菜中的营养成分进行介绍。

请您点餐

谁是大赢家

该展项为一个电子显示桌面圆台，台面中央有大量菜品图案随机闪动，周围固定有四个盘子图案。观众根据语音提示将菜品拖曳到自己面前的盘子内，当菜品被拖入盘内，盘内就会出现该菜品的小型图标。在规定时间内，盘子内图标数量多且搭配的营养成分合理的参与者，成为最后的大赢家。

谁是大赢家

观察思考

1. 通过"请您点餐"展品入口，测量自己的身高体重，看一看，是否在正常值范围内。

2. 通过阅读展厅墙上的资料，了解人体所需六大营养素是什么。

3. 展品"电子菜谱"中胡萝卜、花生和馒头里所含的主要营养素是什么？

4. 试玩"谁是大赢家"展品，测一测自己每天食用的食物种类和数量是否合理，了解中国人健康的膳食搭配。

分析解释

在"谁是大赢家"，你将会了解到适合中国人的健康膳食标准。蛋白质、糖类、脂类、维生素、水和无机盐是人体所需的六大营养元素，其中蛋白质、糖类和脂类能为人体提供能量，人体在缺少能量时首先消耗糖类，之后是脂类，最后是蛋白质，这也是为什么低血糖的人在补充葡萄糖之后会好很多，也是慢跑至少30～40分钟之后才能开始减肥说法的依据。长期营养不良的人往往皮肤、头发粗糙无光泽，因为蛋白质主要存在于人的皮肤和毛发中。人体中60%～70%的成分是水，因此补充水分是必不可少的，除此之外，无机盐如钠、钾等也是维持人体体液平衡和代谢所必需的物质。生活中富含蛋白质的食物有：鱼、瘦肉、蛋类、牛奶、豆类和花生等。富含糖类的有：米饭、馒头、土豆等淀粉类食物，除此之外，含有蔗糖的甘蔗和甜菜也富含糖类。动物脂肪如肥肉和植物油脂如花生油中含有脂类较多。维生素在水果和蔬菜中的含量比较高，尽量多食用它们。

对于中国人来说，一份健康的膳食食谱应该是10%的糖、盐、油，20%的鱼、肉、蛋、奶，30%的水果、蔬菜和40%的米饭、面食。食物要平衡搭配，适量摄取，尽量不要挑食，这样才能保证身体的健康。

初中化学课程标准中也要求知道一些对生命活动具有重要意义的有机物（糖、淀粉、脂类、蛋白质、维生素等），了解某些元素（钙、铁、锌等）对人体健康的重要作用。

扫一扫二维码，登录中国数字科技馆，看看实验过程及现象。

做一做

根据自己的身体状况为自己制定一天的食谱。

一日食谱表

食谱\餐别	早饭	午饭	晚饭
糖、盐、油（g）			
鱼、肉、蛋、奶			
水果、蔬菜			
主食			

阅读理解

生活当中会存在一些对人体有害的食物，在了解之后应当尽量避免食用。发霉的大米和花生中含有一种强致癌物质——黄曲霉素，它的毒性比砒霜强约68倍，加热到280℃之后才能分解，而普通的烹饪很难达到这一温度，因此霉变的大米和花生千万不要食用，即使煮熟了也不行。很多人喜欢去露天小摊上购买铁板鱿鱼等海鲜类食品，殊不知海鲜的贮存时间很短，死亡的海鲜产品不严密保存很快就会腐烂，并产生有害物质，这一点从外表和气味都可以分辨出来。而海鲜产品由于成本很高，黑心的小贩就想到了利用一种神奇的保鲜液体——甲醛保存海鲜产品，甲醛实际上是一种防腐剂，甲醛的水溶液有一个更加广为人知的名字——福尔马林，一般用来保存动物或医学标本。用甲醛浸泡过的海鲜一般外表比较白，体积肥大，有刺激性异味，一握就容易碎，比较容易分辨，而黑心的小贩为了防止人们辨认出来都会加入重口味的佐料来掩盖味道，因此在路边摊位如果看到很便宜的海鲜副食品应当注意。

19. 烟之柱 烟之魔

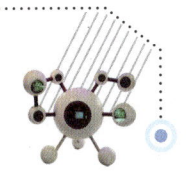

课程设计：李志忠　张杰

探索发现

每年的5月31日是"世界无烟日"，吸烟危害人体健康已被普遍认可，那为什么它有这么大的危害呢？因为香烟及其燃烧后产生的烟雾中含有几千种对身体有害的物质。

有关医学研究表明，吸烟可导致心脑血管疾病、癌症、慢性阻塞性肺病等多种疾病，已成为继高血压之后的二号全球杀手。香烟会吞噬人的身体，也会消耗大量财富。展品"烟之柱""烟之魔"通过实物和数据为您提供了吸烟有害的证据。

烟之柱

资源简介

1. 装置简介

展品"烟之柱"位于中国科技馆"科技与生活"A厅"健康之路"展区。

2. 操作方法

依次点击操作台上的四个烟龄按钮，了解吸烟所消耗的钱财，以及等值的健康消费信息。操作台侧面的推拉板将为你介绍香烟中有哪些有害成分。

3. 现象

点击按钮后，根据观众的选择，会自动在屏幕上显示以每天吸1包烟，每包烟10元为计算基数，给出相应的消费数额，同时展示出健康的消耗数量。在操作台侧面有一个自动推拉板，此处会显示香烟烟雾的成分及其对人类的危害。

烟之柱

烟之魔

资源简介

1. 装置简介

展品"烟之魔"位于中国科技馆"科技与生活"A厅"健康之路"展区。主要是让观众了解无论是主动吸烟还是被动吸烟，人体吸入的化学有害物质对肺的危害都是不可逆转的。这件展品由一个机械互动装置组成，其中有两个分别代表正常肺和肺气肿肺的U形管。

2. 操作方法

推拉展品前部的气泵活塞，观察小球在U形管中的运动状态。

3. 现象

推拉气泵活塞，可以观察到两种不同U形管中小球的运动状态不同。"健康肺"中的气流很流畅，小球被顺利地吹到U形管的另一侧，而"肺气肿的肺"内压力很高，小球在U形管中很难移动。

烟之魔

观察思考

1. 燃烧的香烟中含有几千种有害物质，其中危害人体健康的罪魁祸首有哪些？

2. 一氧化碳是如何产生的？一氧化碳是如何导致人体中毒的？

分析解释

燃烧的香烟中含有几千种有害物质，其中危害人体健康的罪魁祸首有烟焦油、尼古丁和一氧化碳。烟焦油是香烟燃烧产生的多种气体和物质的混合物，含有大量的致癌和促癌物质，会导致肺气肿，诱发细胞异常增生，形成癌症。尼古丁是香烟致瘾的重要原因，能够麻痹吸烟者的神经系统。一氧化碳会导致人体中毒。

任何含碳燃料不充分燃烧时都会产生一氧化碳，如煤、天然气、石油、木炭和烟草等。含碳燃料在有限的空气中燃烧时会产生更多的一氧化碳，如果没有适当的通风口排出，就造成人体中毒。

血液中的血红蛋白由蛋白质和血红素组成其在吸收氧气排出二氧化碳的过程中作为运输的载体。一氧化碳与血红蛋白的亲和力比氧气与血红蛋白的亲和力高200～300倍，当一氧化碳进入肺部抢先与血红蛋白结合，使血红蛋白丧失运输氧气的能力，造成人体内器官缺氧，导致组织受损甚至死亡。

做一做

1. 在钟罩或其他密闭容器内，将十支香烟的烟丝点燃，收集烟气，在其中放入小白鼠或昆虫等，观察小白鼠或昆虫的状态。
2. 设计宣传控烟广告，劝说家人不吸烟。

扫一扫二维码，登录中国数字科技馆，看看实验过程及现象。

阅读理解

世界无烟日是世界卫生组织在1987年创立的。第一个世界无烟日为1988年4月7日，自1989年起，世界无烟日改为每年的5月31日。世界无烟日旨在宣扬不吸烟的理念，且每年都会有一个备受关注的相关主题。

医学研究表明，吸烟是导致心脑血管疾病、癌症、慢性阻塞性肺病等多种疾患的原因。30%的癌症由吸烟引起，吸烟已成为继高血压之后的二号全球杀手，是肺癌的重要致病因素之一，特别是鳞状上皮细胞癌和小细胞未分化癌。吸烟者患肺癌的危险性是不吸烟者的13倍，如果每日吸烟35支以上，其危险性比不吸烟者高45倍，吸烟者肺癌死亡率比不吸烟者高10～13倍，肺癌死亡人数中约85%由吸烟所致。吸烟者如同时接触化学性致癌物质（石棉、镍、铀和砷等）则发生肺癌的危险性将更高。每个人身上都有"原癌基因"，这种基因使人在胚胎时期得以生长，但其会在适当的时候停止表达，否则人就容易患癌症，而吸烟便是唤醒这一基因的因素之一。

吸烟对青少年的危害性更大。青少年处于生长发育期，各生理系统、器官尚未成熟，对外界环境中有害因素的抵抗力弱，易于吸收有毒物质，危害身体的正常生长。据调查，吸烟开始年龄与肺癌死亡率呈负相关。若不吸烟者肺癌死亡率为1.00%，15岁以下开始吸烟者的死亡率为19.68%，20～24岁为10.08%；25岁以上为4.08%。说明吸烟开始年龄越早，肺癌发生率与死亡率越高。吸烟损害大脑，使思维变得迟钝，记忆力减退，影响学习和工作，早早开始吸烟的学生的学习成绩下降。研究结果表明，吸烟者的智力效能比不吸烟者低10.6%。

被动吸烟俗称吸二手烟。专家指出，和吸烟者在一起每日被动吸烟15分钟以上，危害便等同于吸烟者。被动吸烟除了刺激眼、鼻和咽喉外，也会明显地增加非吸烟者患上肺癌、心脏疾病及其他呼吸系统疾病的概率，严重损害人们的身体健康。

20. 土壤与作物

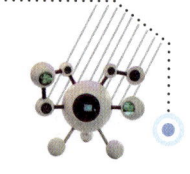

课程设计：李志忠　刘红妍

探索发现

根系是植物重要的器官，它不仅可以吸收养分、水分，而且可以感受土壤中养分状况所产生的化学信号，并将这些信号传递到地上部器官，从而控制地上部器官的生理活动，如气孔开闭、叶片的扩展、果实的发育等。因此，保持一个健康的根系，对于植物地上部茎、叶和果实的正常生长、发育是非常重要的。

不同植物的根系结构有较大的差别。水稻是典型的须根系作物，它的根系由许多不定根构成，主根早期即停止生长或枯萎，由茎的基部生出许多较长且粗细大致相同的须状或纤维状根。

大豆根系是典型的直根系。直根系植物主根发达，与侧根区别明显，其根系入土深度约1米，侧根先水平生长，后急转直下生长，整个根系形如钟罩。

马铃薯又叫土豆、洋芋，是多年生茄科茄属植物。马铃薯地下块茎多呈圆、卵、椭圆形，多以块茎繁殖。马铃薯性喜冷凉干燥，对土壤适应性较强，但以疏松肥沃的砂质土为佳。均衡的营养是使马铃薯优质高产减轻病虫害的关键。缺少相关营养元素时，植物器官会呈现不同生理性状，如缺氮时叶片呈均匀淡绿色，严重时叶片上卷呈杯状，产量降低；缺磷时植株矮小，僵直，呈暗绿色，叶片上卷；缺钾时，植株生长缓慢，叶面粗糙皱缩且向下卷曲，小叶排列紧密，与叶柄形成的夹角小，叶尖及叶缘开始呈暗绿色，后变为黄棕色，并渐向全叶扩展，老叶青铜色，干枯脱落，块茎内部常有灰蓝色晕圈。

通过"土壤与作物"这件展品，你可以了解到不同的植物根系如何从土壤中汲取养分，以及土壤肥力和植物生长的关系。

资源简介

1. 装置简介

"土壤与作物"这件展品主要向您展示了土豆、大豆和水稻这三种具有代表性根系的作物，并介绍了这些作物的根与土壤的关系。

2. 操作方法

按下按钮，模拟给作物浇水施肥的过程，观察给植物补充水、氮、磷、钾等的过程。

3. 现象

通过显示器观察模拟植物的变化，模拟根系会根据土壤中各种成分的含量模拟出相应的状态。

土壤与作物

分析解释

农作物生长需要营养元素，土壤能够提供的养分是有限的，要提高农作物的产量，通常采用施肥的方法给土壤补充养分。能够给农作物提供养分的化学物质，我们称为化学肥料，在人口日益增长的今天，粮食仍能满足地球上人口的需求，化学肥料功不可没。

化学肥料种类很多，按照其所含的主要营养元素分为氮肥、磷肥、钾肥和复合肥。就氮肥而言，其含氮化合物的种类多样，无机含氮化合物如氨态氮肥，有机含氮化合物如尿素。氨态氮肥中氮元素主要以铵根形式存在，如碳酸氢铵、氯化铵等。铵态氮肥受热或遇强碱易产生氨气，氨气易溶于水后易被土壤和植物吸收。

化肥虽然有利于提高作物产量，但若施用不合理，一方面会造成经济浪费，另一方面会带来环境问题，例如水质营养化、土壤酸化及土壤污染等。因此，化肥的施用一定要切合作物的需求，同时适当使用绿色环保的农家肥。

在此展区，同学们会看到当水、氮、磷、钾肥料不足时，植物生长矮小，茎秆柔弱、枝叶发黄。触摸"水"按钮，为作物浇水后，作物长高，枝叶发育迅速；触摸"氮肥"按钮，当氮肥量正常时，作物的叶茎生长茂盛，叶色浓绿；触摸"钾肥"按钮，钾肥能增强作物的光合作用，促进作物生长，叶色由黄变绿，茎秆粗壮，抵御病虫害和抗倒伏等能力增强；触摸"磷肥"按钮，当磷肥量正常时，作物根系发达，抗寒抗旱能力增强，作物提早成熟。但若触摸按钮时间过长，水和肥料施加过量，叶片变得大且呈深绿色，同时出现小焦斑，叶形柔软披散。

扫一扫二维码，登录中国数字科技馆，看看实验过程及现象。

观察思考

1. 按下浇水施肥按钮前，观察作物的状态。给作物浇水施肥后，观察作物表现出的状态。

2. 化学肥料如何分类？

做一做

1. 实验器材

   两盆品种相同、生长状态相似的花，水，氮肥，磷肥，钾肥。

2. 实验步骤

   （1）向一盆花中浇水适量，并施加适量的三种肥料；另一盆花不做任何处理。

   （2）比较处理3天、7天、15天、30天后两盆花的生长状态。

阅读理解

微量元素肥料

农作物的生长除了需要氮、磷、钾三种营养元素外，还需要硼、锌、铁、钼、锰等微量元素。植物如若缺乏这些微量元素，也会影响其生长发育，使抗病能力下降。例如，作物缺硼时，茎尖、根尖的生长点停止生长，而侧芽侧根迅速生长后又死亡，从而形成簇生状植株。缺铁的症状是幼芽幼叶缺绿发黄，甚至变为黄白色，而下部叶片仍为绿色。因此，为保证农作物的正常生长发育，在施加含氮、磷、钾的化学肥料的同时，也应该施用少量微量元素肥料，如硼砂、皓矾等。

21. 衣料变迁

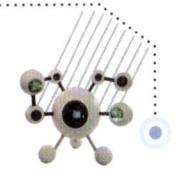

课程设计：高婷　唐剑波　钱作伟

探索发现

衣食住行与我们每个人的生活息息相关。俗话说"人靠衣服马靠鞍""佛靠金装，人靠衣装"，可见衣服在我们日常生活中占有重要地位。人类发展初期的衣服只是起到遮体、保暖的作用，随着社会的发展衣服则承载着更多的装饰功能，甚至在封建社会成为了权力和地位的象征。现代社会，随着科技的发展，衣服的作用更加广泛，那么你知道我们身上穿着的衣服都是什么材料吗？不同的衣服又有怎样独特的功能呢？

在中国科技馆三层"科技与生活"展厅"居家之道"展区，这些疑问将迎刃而解。

不同来源的衣料

资源简介

1. 装置简介

不同来源的衣料位于"居家之道"展区入口处，展台上方立有一对身着艳丽服装的模特。模特周围放置着棉、纤维、亚麻、尼龙、的确良、人造革等8种原材料。外围有三台触屏电脑。

2. 操作方法

仔细观察模特衣着，然后操作触屏电脑。

3. 现象

通过操作电脑，回答相关问题，例如"女孩的丝巾是什么材料的"，回答问题的同时还可以触摸相应的衣料，感受不同衣料样本的特性。

不同来源的衣料

防弹衣

资源简介

1. 装置简介

　　防弹衣位于"居家之道"展区中部，展台由玻璃外罩及一个手轮组成。玻璃罩正面为视频资料，内部放置着硬体防弹衣、软体防弹衣、软质防弹衣及蜘蛛网模型。

防弹衣

2. 操作方法

　　根据视频提示，转动手轮，选择自己感兴趣的防弹衣进行观察。

3. 现象

　　转动手轮到自己感兴趣的防弹衣，视频会介绍该防弹衣相关的结构及特点。

防辐射布料

资源简介

1. 装置简介

　　防辐射布料位于"居家之道"展区中部，展品前端放置着一个圆形玻璃罩，内置一个万用表，左边放置着普通布料，右边则是防辐射布料，左上方还展示了防辐射布料燃烧后剩余的金属网。

2. 操作方法

　　将万用表的黑红表笔分别放在普通布料上任意两点及防辐射布料上任意两点。

3. 现象

　　黑红表笔放在普通布料上，万用表无任何变化；黑红表笔放在防辐射布料上，万用表数值升高。

防辐射布料

科学探险服装

资源简介

1. 装置简介

　　如下图所示，这件展品主要展示了四种特殊的服装，分别为防尘服、防寒服、防化服及潜水服。

2. 操作方法

　　通过观察展品，阅读展板，了解各种科学探险服装的结构和功能。

3. 现象

　　防尘服表面使用聚酯材料，具有很强的无尘性、过滤性、舒适性、耐久性、难附着性及洗后可穿性，可以最大限度地减少人体的灰尘污染。

防寒服由内外两部分组成，里面的保暖衬里起防寒作用，外面带聚酯涂层的聚酰胺面料起挡风作用。在-43℃的环境中，可持续8小时从事中等强度体力劳动。

防化服采用经阻燃处理的锦丝绸布，双面涂覆阻燃防化面胶，制成遇火只产生炭化，不溶滴，又能保持良好强度，能更好地保护自身免遭化学危险品或腐蚀性物质的侵害。

潜水服是由封闭的微孔橡胶及两层合成纤维构成，厚度为1～6毫米，不仅能起到保暖作用，还能保护潜水员免受礁石或有害动植物的伤害。

科学探险服装

不沾油污的衣料

资源简介

1. 装置简介

如下图所示，在展台中有五种布料，第一块材料未经处理，其他四块均经过纳米技术处理。

2. 操作方法

按下"水"键，水管开始滴水，模拟油污滴在布料上，观察不同布料表面水珠的形状及其与布料接触时的状况。阅读展板，了解纳米布料防污的原理。

3. 现象

我们可以发现，经过纳米技术处理的布料完全没有渗透，水滴形成一个个小颗粒在布料上滚动，而第一块没有经过纳米处理的布料却完全被渗透。这些纳米布料，是通过化学手段将100纳米大小的物质颗粒附着在纤维表面，由于这种物质颗粒十分的精细微小，可以在纤维的表面形成一个均匀且间隙极其微小的保护层。正是因为保护层的存在，使得纤维表面的特性发生了变化，水滴、尘埃、细菌、污渍和油滴难以渗入到纤维内部，只能停留在物品表面，从而起到对物品的保护作用。

不沾油污的衣料

可变化的材料

资源简介

1. 装置简介

如下图所示，在展台玻璃柜中有三种不同的布料，它们的颜色能够随温度和光线的变化而变化。在展台手印处，是对温度极其敏感的液晶材料。

2. 操作方法

按下按钮，观察热敏材料、光敏材料等在特殊条件下的变化。将手按在手印上，看看会发生什么样的变化。阅读展板，了解几种材料变色或发光的原理。

3. 现象

液晶是物质介于固体和液体之间的一种形态。胆甾型液晶的热敏效应特别强，温度变色灵敏度可达0.2℃，温度稍一变化，液晶颜色就会发生相应的改变，这主要是因为液晶分子本身的螺旋状结构，使其具有独特的光学性质。

热敏变色纤维是将含热敏变色微胶囊的氯乙烯聚合物溶液涂于纤维表面，经热处理后，溶液变成凝胶状实现变色，其属于可逆的热敏变色。

光敏变色特性的物质通常是具有异构体的有机物，当光照射到这些化学物质时，两种化合物相对应的键合方式或电子状态发生可逆变化，前后两种形态可以吸收不同光谱，于是，我们就看到了光敏变色纤维颜色的改变。

可变化材料

观察思考

1. 展品"不同来源的衣料"中的衣料，都是由哪些材料制成的？
2. 制作"防弹衣"的材料都经历了哪些变迁？
3. 观察"不沾油污的衣料"展品，思考该种衣料为什么会防水、防油。

分析解释

在"居家之道"展区，你将会看到各种不同的衣料，以及用这些衣料制成的衣服。从人类使用最早的天然纤维（棉、麻、丝、绒等）到现今利用化学工业中提炼的合成纤维（尼龙、腈纶、涤纶等），再到经过特殊加工的功能性布料（防弹衣、防辐射布料、变色布料、不沾油污的衣料等）。在"防弹衣"展品处可以看到三种不同的防弹衣，从较早的"硬体防弹衣"（采用钢板、铝合金等金属材料或碳化硅、氧化铝等非金属材料制成）到如今新型的蜘蛛丝防弹衣。在"不沾油污的衣料"展品处可以看到经过纳米工艺加工处理的特殊布料，它具有"防水、防油、防霉、防污"等功能。

各种纤维在我们的日常生活中应用广泛。合成纤维的出现一方面弥补了天然纤维产量上的不足，另一方面在各种性能上满足了人们的生活需要。在初中阶段的化学课程标准上也明确要求同学们知道塑料、合成纤维、合成橡胶等重要的有机合成材料，了解使用这些合成材料对人和环境的影响。

做一做

调查你家的衣橱，查看衣橱内的衣服都是由哪些衣料制成的？列表记录衣料种类，以及你穿着这些衣服时的感觉。

不同纤维燃烧对比表

对比项＼纤维种类	棉线	纯毛毛线	腈纶线
燃烧气味			
燃烧过程			
燃烧后灰烬			

扫一扫二维码，登录中国数字科技馆，看看实验过程及现象。

阅读理解

衣料不仅用于制作衣服，也会在很多著名的文章中出现。

诸葛亮在《前出师表》中有云："臣本布衣，躬耕于南阳"，这里并不是说他是一件布制衣服，而指他出身于平民阶层，"布衣"代指"穿布衣的人"，但这里的"布衣"和现今我们所说的"100%纯棉布衣"是不同的。古代说的"布"，是今日叫做麻布的麻制品。所以"布衣"往往指身穿麻制衣料的平民大众。南北朝前后，中国的棉布主要是从南洋进口，普通穷人只能将就着穿麻料衣服。直到元朝，黄道婆从琼州带回了黎族人的纺织技术，棉花种植才逐渐兴盛。

在我国的成语中也存在着大量有关"布衣"的成语。例如"布衣之交""布衣将相""布衣疏食"等，甚至还有"布衣精神"之说。你可以自行查阅这些成语的含义。成语中还有如"锦衣玉食"等体现其他衣料的成语。衣料在中国数千年的历史中，已经不单单是制作衣服的材料，它已深深地融入到中华民族的文化长河之中。

22. 垃圾回收再利用

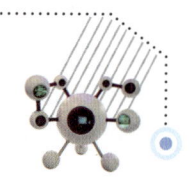

课程设计：李光明　郭乐

探索发现

生活中每天会产生大量垃圾，垃圾并非一无是处，而是放错位置的宝贵资源，通过科技手段对部分垃圾进行回收再利用，可实现可持续发展和绿色低碳生活。

城市垃圾中包含大量不同种类的材料，给回收利用加大了难度。如果把垃圾全部放进一个垃圾桶丢掉，让垃圾处理工厂来进行分类处理，效率会很低。因此建议大家在生活中对垃圾进行分类。

分类后的垃圾如何实现再利用？垃圾再利用能生产出哪些新的产品？来中国科技馆三层"科技与生活"B厅"居家之道"展区参观，你就可以知道这些问题的答案了！

资源简介

1. 装置简介

展品"垃圾回收再利用"位于中国科技馆主展厅三层"科技与生活"B厅的"居家之道"展区。

垃圾回收再利用

展品主要由视频播放和实物陈列两部分组成。通过视频播放介绍生活中六种常见垃圾的分类方法、回收方式及再处理的手段等，同时在展台暗箱中会展示垃圾处理后的成品。

2. 操作方法

展台上设置了六个按钮，分别标注为"橡胶类""塑料类""金属类""纸类""玻璃类"和"电子产品类"。选择想了解的品种，按下按钮即可。

3. 现象

展品通过电视播放视频的方式，介绍观众所选种类垃圾的回收再利用全过程。播放结束后，展台上暗箱内部将亮灯，照亮暗箱中摆放的垃圾回收再利用的成品。

观察思考

1. 什么是垃圾分类？哪些垃圾可以回收？
2. 垃圾分类的标志有哪些？

扫一扫二维码，登录中国数字科技馆，看看实验过程及现象。

分析解释

生活垃圾的种类多种多样，有的可直接回收利用，有的可用于堆肥，有的必须填埋。生活垃圾应提倡分类处理。垃圾分类是将垃圾按照垃圾的不同成分、属性、利用价值及对环境的影响，并根据不同处理方式，分成属性不同的若干种类。分类的目的是提高垃圾的资源价值和经济价值，力争物尽其用。可回收的垃圾材料包括金属、纸类、塑料和玻璃等。本展品通过将垃圾放进正确的分类模型，进行综合处理，回收利用，变成新的科技产品，减少污染，节约资源。

为了提高垃圾分类的意识，按照国家垃圾分类实施标准，垃圾桶的设计采用不同的颜色。红色表示堆放有害垃圾；蓝色表示堆放可回收物；绿色表示堆放厨房垃圾；黄色表示堆放其他垃圾。

回收标识

做一做

制作存钱罐

1. 实验器材

   矿泉水瓶、剪子、彩纸、胶水、画笔。

2. 实验步骤

   （1）在彩纸上用画笔画一个猪耳朵的形状，涂上自己喜欢的颜色，并画好小猪的眼睛和鼻子，剪下。

   （2）把耳朵和眼睛粘贴在塑料瓶相应的位置上，并在塑料瓶瓶体正上方用剪刀剪开一个长方形的开口。

   （3）将塑料瓶的瓶体部分用彩纸包裹。将彩纸相应位置也剪开一个形状大小一样的开口。

   （4）将塑料瓶的瓶盖拧好，粘贴上小猪的鼻子，一个精美的存钱罐就做好啦，快用它来储存你的硬币吧！

阅读理解

垃圾处理的一般方法

1. 卫生填埋

卫生填埋是目前世界上处理垃圾量最大的方法之一,我国90%的城市生活垃圾都是采用填埋处理的方式。卫生填埋的缺点是不仅浪费大量土地资源,而且需防治二次污染。

垃圾在土地中自然降解的时间

垃圾品种类	降解时间/年
玻璃瓶	4000
铁罐	10
塑料	200
尼龙织物	30
易拉罐	100
皮革	50
橘子皮	2
纸	0.25

2. 焚烧法

垃圾焚烧发电是把垃圾焚烧厂和垃圾焚烧设备引进、消化吸收再创新的工作。生活垃圾焚烧烟气中的二噁英是近几年来世界各国所普遍关注的。二噁英类剧毒物质会对环境造成很大危害,如何有效地控制二噁英类物质的产生与扩散,直接关系到垃圾焚烧及垃圾发电技术的推广和应用。

3. 堆肥法

堆肥法处理垃圾的原理是利用自然界的微生物能够分解垃圾中的有机物,使之形成肥料。它具有促进植物生长发育、肥效期长、肥力稳定等优点,但堆肥中的重金属可能对土壤造成污染,堆肥处理时,会产生臭味,而且招引蚊、蝇。

23. 爱护水资源

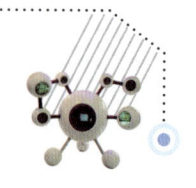

课程设计： 李光明　武佳　罗丽

探索发现

水，一直是人类赖以生存的重要资源。虽然地球的大部分面积被海洋覆盖，但人类能饮用的主要是湖泊、河流、地下的淡水，这部分水资源在地球上的储量就很少了。我国为人口大国，淡水资源的紧缺会制约国家的发展。

这一组展品将带领大家系统了解地球水循环过程、水资源利用情况及保护淡水资源的措施。

地球上的淡水资源会越来越少吗？目前的科技能帮我们解决水资源短缺的问题吗？来中国科技馆三层"科技与生活"展厅体验一下，你就可以掌握上面问题的答案了！

资源简介

看看降水的形成

1. 装置简介

展品"看看降水的形成"位于中国科技馆主展厅三层"科技与生活"A厅的"气象之旅"展区。

展品由两部分组成，第一部分是操作与演示，观众可以通过点击按钮，观看不同类型降水的成因和相关的拓展知识。第二部分是图文展板，通过阅读展板，可以了解关于地球水循环和降水的知识。

2. 操作方法

通过点击对应按钮，观看"锋面雨""对流雨"和"地形雨"的形成过程。

3. 现象

展品通过多媒体幻像技术，以动画视频的方式演示了不同类型降水的形成过程。

看看降水的形成

水资源短缺

1. 装置简介

   展品"水资源短缺"位于中国科技馆主展厅三层"科技与生活"B厅的"居家之道"展区。

   展品主要由投影机和图文展板构成，当观众根据投影画面的提示伸出双手时，即可触发感应装置，投影机开始播放介绍水资源短缺的小视频并辅以语音介绍，同时，观众也可以通过图文展板了解我国水资源的现状。

2. 操作方法

   根据投影画面的提示，伸出双手接水，即可触发感应装置，展品开始自动播放视频和语音。

3. 现象

   展品以播放动画视频和语音的方式，介绍了我国严重缺水的现状和生活中常见的一些节水设备。

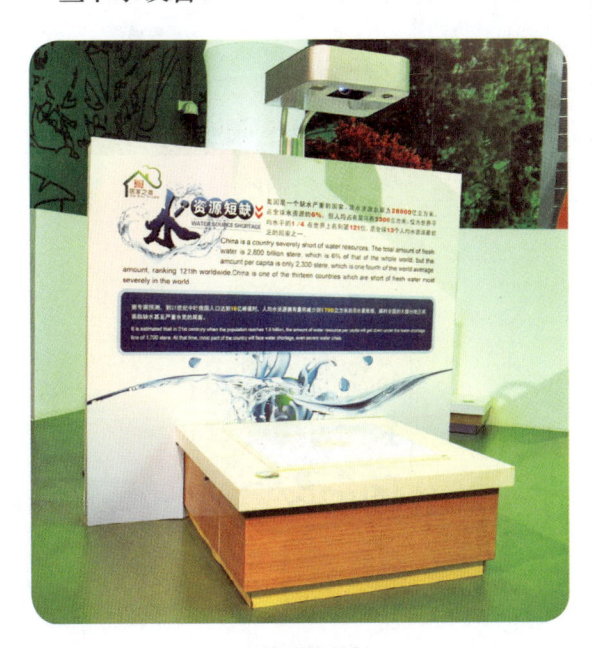

水资源短缺

你每一天的用水量是多少

1. 装置简介

   展品"你每一天的用水量是多少"位于中国科技馆主展厅三层"科技与生活"B厅的"居家之道"展区。

   展品由两部分组成，第一部分是触摸屏，观众可以通过回答问题来计算出自己每一天的用水量，第二部分是圆柱形水桶，里面利用LED灯模拟呈现出参与者一天的用水量。

2. 操作方法

   通过点击触摸屏，回答与生活密切相关的9个问题（一天喝水量、刷牙用水量、洗脸用水量等）。

3. 现象

   系统可以计算出你每一天的用水量，并展示全国各地的人均用水量。

   展台上圆柱形水桶内的LED灯会自动亮起，其亮灯的高度模拟呈现出你一天用水量的水位高度。

你每一天的用水量是多少

不用水能洗车吗

1. 装置简介

展品"不用水能洗车吗"位于中国科技馆主展厅三层"科技与生活"B厅的"居家之道"展区。

展品通过投影将视频内容投到车身上，利用动作识别装置识别挥手动作，并根据观众操作播放相应视频。

2. 操作方法

通过挥手选择有水洗车或无水洗车，观看视频内容。

3. 现象

展品为观众呈现有水洗车与无水洗车两种洗车方式，并为大家介绍不同洗车方式的特点及用水情况。通过展板文字对水资源情况进行介绍。

不用水能洗车吗

海水淡化

1. 装置简介

展品"海水淡化"位于中国科技馆主展厅三层"科技与生活"B厅的"居家之道"展区。

该展品分为两部分，右侧为淡化装置滤芯模型，左侧为过滤原理展示模型。模型桶内装有一定量清水，中间放置一块多孔隔板，板的一侧放有小球，用于模拟海水中的盐分。

2. 操作方法

通过旋转左侧原理展示装置，了解反渗透膜的结构，进而了解海水淡化原理。

3. 现象

通过转动圆筒，可以看到小球被隔板挡在了一侧，而清水则可以通过孔洞流向另一侧。实验模拟了海水淡化过程，反渗透膜的孔洞可以阻挡海水中的盐分通过，而让净水流向另一侧，进而实现海水淡化。

海水淡化

扫一扫二维码，登录中国数字科技馆，看看实验过程及现象。

观察思考

1. 在参观过展品"看看降水的形成"后，你能够描述出地球上水的循环过程吗？这些过程中水发生的是物理变化还是化学变化？你能从微观的角度解释这些变化吗？
2. 观看"水资源短缺"的展品视频之后，你认为水资源短缺由哪些因素造成？根据"你每一天的用水量"展品，测测自己一天的用水量。
3. 参观完"海水淡化"展品后，你认为淡化海水的过程中是否发生了化学变化？淡化后的海水与原海水的区别是什么？

分析解释

水是人类的生命之源，人们只有充分了解了自然界中水资源状况、水循环及水资源短缺的因素和节水的方法之后，才能更加有力地保护水资源。

地球上水的存在形式有几种：地表水（河流湖泊及海水）、地下水、大气水（云雾等）、固态水（三极冰川等）。这些水以固、液、气三态形式相互转化，形成了自然界的水循环。三态转化过程中，从微观角度讲，水分子本身不发生改变，但是分子间隔发生变化，属于物理变化。水资源短缺一部分是由于人口过度膨胀造成的人均水资源减少，还有很大一部分是由于浪费和污染造成的，污染来自农业中过量使用农药化肥及工业和生活当中的污水违规排放。因此，保护水资源一方面要从节水入手，从身边的小事中挖掘节水妙招；另一方面就是要进行污水的处理，这样既可以将污水净化后循环利用，又可以防止污水继续污染干净水源。污水处理按程度分为三级，一级处理除去的是水中不可溶的固体污染物，所用的主要方法是过滤。三级处理后的水虽然能够循环利用，但是并没有像蒸馏那样除去所有可溶性杂质，因此依然是混合物。

近些年人们将目光投向了地球上最大的水库——海洋。但是用蒸馏的方法淡化海水，既耗能又耗时，并且成本非常高。随着有机化学的发展，人们发现了一种有机高分子材料制成的膜，在加压的情况下可以只让海水中的水分子透过，而其他微粒等都无法通过。随着海水中溶剂水的不断减少，溶液总质量也随之减少，海水一侧的浓度越来越高，质量分数随之增大，而本身的溶质不能透过膜，因此不发生变化。虽然现在膜技术还不能支持大规模工业化生产淡水，但是随着科学技术的不断发展，人类必然能够找到办法从海水中取出淡水，利用起这一超级水库。

做一做

1. 查看你家的水费通知单，了解城市水费收取标准，并调查家庭成员每天用水情况。

2. 参观北京市高碑店污水处理厂，了解其污水处理的能力、处理方法及处理后水的去向。

3. 查阅并搜集资料，利用鱼鳔制作一个小型半透膜，向半透膜中放入清水，用一根线系住半透膜封口，吊着放入一杯浓盐水中，观察现象。

阅读理解

薄膜滤器与我们平时所说的半透膜的工作原理类似。高中化学对半透膜是这样解释的：半透膜一般指动物的膀胱膜、肠衣、羊皮纹、胶棉薄膜及玻璃纸等。半透膜有非常小的细孔，这些细孔只能使离子或分子透过，而不能使胶体微粒通过。高中生物又是这样解释的：半透膜指水分子能够自由通过，而蔗糖等大分子不能通过的薄膜，一般指玻璃纸、动物膀胱膜等。事实上，凡是只允许混合物中的一些物质透过，而不允许另一些物质透过的薄膜都叫做半透膜，而不仅限于水分子。

24. 复合材料

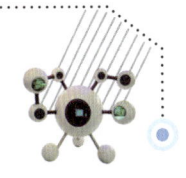

课程设计：杨楣奇　竺青

探索发现

人类把能够用来制作成有用器件或物品的物质叫做材料，材料的发展可以看作社会进步的标志之一。那么，什么是复合材料呢？当我们把如金属材料、陶瓷材料或者高分子材料等两种或两种以上的材料经过复合工艺加工后，便成为复合材料。相较于普通的材料，复合材料有什么特点？可以用于哪些领域？快到中国科技馆"挑战与未来"A厅的"新型材料"展区看看吧，你会了解到更多关于复合材料的知识。

资源简介

1. 装置简介

本展项由静态展示和操作体验两部分组成。当观众站在展台前平视前方时，会看到复合材料中的增强材料——竹纤维、玻璃纤维、植物纤维、碳纤维和芳纶纤维。展台上有一台显示器，一处扫描器和十块复合材料样品块。

2. 操作方法

观众可以拿出一块样品块，放置在扫描器上轻轻按压。

3. 现象

按压后，显示器上会显示出相应样品块的材料构成与合成方式。

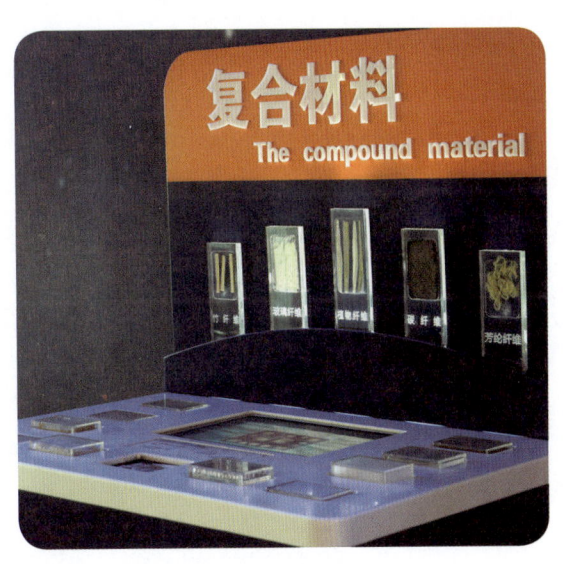

复合材料

分析解释

现代社会中我们使用的材料主要有金属材料、无机非金属材料及有机高分子材料。由于各种材料的性能各有千秋，为了扬长避短，克服单一材料的缺陷，人们设计并制造出复合材料，从而产生原来单一材料本身所没有的新性能。复合材料，是指由两种或两种以上不同物质以不同方式组合而成的材料。复合材料使用的历史可以追溯到古代。从古至今沿用的稻草增强黏土和已使用上百年的钢筋混凝土均由两种材料复合而成。20世纪40年代，因航空工业的需要，开发了玻璃纤维增强塑料，俗称玻璃钢，从此出现了复合材料这一名词。复合材料中纤维增强材料应用最广、用量最大，其中碳纤维与环氧树脂复合的材料，以其比重小、比强度和比模量大、耐腐蚀、抗疲劳、减震、安全性能高等优点，逐步取代了木材及金属合金，广泛应用于航空航天、汽车、电子电气、建筑、健身器材等领域，近几年更是得到了飞速发展。

做一做

区分植物纤维与芳纶纤维

1. 实验器材

棉纤维，合成纤维样品，剪刀，酒精灯，火柴，镊子，石棉网，玻璃棒，小烧杯。

2. 实验步骤

（1）用剪刀剪一段棉纤维样品，用镊子夹住，在酒精灯上点燃，注意其燃烧过程中的变化及气味。待纤维燃尽时，将剩余物放在石棉网上，用玻璃棒按压，观察剩余物特征。

（2）用剪刀剪一段合成纤维样品，用镊子夹住，在酒精灯上点燃，注意其燃烧过程中的变化及气味。待纤维燃尽时，将剩余物放在石棉网上，用玻璃棒按压，观察剩余物特征。

观察思考

什么是复合材料？

扫一扫二维码，登录中国数字科技馆，看看实验过程及现象。

阅读理解

材料的发展及其对环境的影响

在人类文明的进程中，材料大致经历了以下五个发展阶段。

（1）使用纯天然材料的初级阶段。

（2）人类单纯利用火制造材料的阶段。

（3）利用物理与化学原理合成材料的阶段。

（4）材料的复合化阶段。

（5）材料的智能化阶段。

"认识材料"展品向观众展示了材料发展经历的上述五个历史阶段及各阶段的具体内容。另外，你还可以在右边的材料结构演示台上亲自体验一下不同材料的不同性能，进而加深对材料的了解并感受材料给我们生活带来的变化。

随着合成材料的应用与发展，急剧增加的废弃物也带来了环境问题。废弃塑料带来的"白色污染"尤为严重，由于其难以降解，过量堆积会侵略大量土地，污染土壤、空气、水体，燃烧过程中还会释放大量有毒有害气体，因此已经成为一个全球关注的问题，中国每年的白色污染增长率为8.3%，是全球增长最快的国家。因此需要我们共同努力来解决"白色污染"问题，保护我们唯一的地球家园。

25. 新型陶瓷

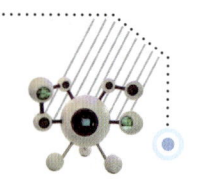

课程设计：李博　朱海凤

探索发现

你对陶瓷盘子、陶瓷花瓶一定不陌生，作为人类最早利用的材料之一，陶瓷已经伴随人类走过了数千年的历史。如今，在新科技的帮助下，各种新型陶瓷又作为新材料焕发出了新的光彩。现在，就跟我到中国科技馆四层的"挑战与未来"A厅"新型材料"展区，去领略一下各种陶瓷的神奇吧！

资源简介

1. 装置简介

本展品由图文介绍、实物展品、操作手轮、屏幕等部分组成，包含传统陶瓷、导电陶瓷、自洁陶瓷、工业陶瓷四部分内容。

2. 操作方法

阅读图文说明，了解传统陶瓷、自洁陶瓷、导电陶瓷及各种工业陶瓷的特点和功用。

转动手轮，将两只盘子浸入油槽，比较普通陶瓷盘子和自洁陶瓷盘子的区别。

选择不同拼图块，放置在电路空缺处，比较在高温、强酸环境下，铜、普通陶瓷和导电陶瓷所连接的电路的区别。

3. 现象

通过比较可以发现，自洁陶瓷比普通陶瓷更不容易沾上油污，而导电陶瓷连接的电路在高温、强酸环境中仍能很好地工作。

传统陶瓷与导电陶瓷

自洁陶瓷与新型陶瓷

观察思考

1. 制作陶瓷的原料有哪些？
2. 自洁陶瓷的表面与哪种植物的表面相似？

分析解释

陶瓷是把黏土原料（高岭土、黑泥）、瘠性原料（石英）及熔剂原料（长石）经过适当的配比、粉碎、成型后在高温焙烧条件下经过一系列的物理化学反应，形成的坚硬物质。陶瓷是陶器和瓷器的统称，陶器的诞生源于古人的发现，人们将河床中的黏土放入火中，发现黏土不止会变干，还会发生另一种变化，从原来湿软的状态变成非常坚硬的物质，性质和石头类似，微观解释如下图所示。

加热前：分散的小结晶　　加热后：完整的物质

这种新材料不仅质地坚硬，而且能够轻松制作成各种贮藏粮食和水的器皿，这些朴素的器皿后被称为陶器。2000年前，东汉陶匠经过一系列的尝试，他们最终找到了一个奇妙的配方：高岭土及一些其他矿物质（石英和长石），混合成一种黏土，这种土在加热后会变成表面近乎完全光滑的材料。且由于轻度和硬度远超其他陶器，它可以制成非常薄的容器，如茶杯、碗等，它就是瓷。

随着现代工艺的不断发展，陶瓷的种类也越来越多。自洁陶瓷已经走进了我们的日常生活，它利用了自然界中荷花"出淤泥而不染"的荷花效应，经过特殊处理，在表面生成一层分子级厚度、类似荷叶表面结构的纳米薄膜，使陶瓷表面对油和水有排斥作用。水滴或油滴与陶瓷接触的面积，比落在没有经过处理的陶瓷表面的接触面积小，从而变得容易滑落，这就是自洁陶瓷的奥秘。自洁陶瓷可大大减少清洗次数，节约水资源。

做一做

制作彩陶笔筒

1. 实验材料

   陶土（颜色随机）、清水、陶艺机、调色板、画笔、颜料、雕刻工具、带把手切线。

2. 实验步骤

   （1）用清水将双手沾湿，充分揉搓使陶土变软变成陶泥（后续过程都要保持双手湿润，如有需要可以再次沾湿双手）。

   （2）将陶泥搓成圆柱状。

   （3）双手紧握陶泥并轻轻下压，将其固定在陶艺机转盘中心。

   （4）打开电源开关使陶艺机转动，将湿润的右手拇指由上向下慢慢插入陶泥中心。

   （5）待中心的孔洞变大后将双手的拇指插入陶泥中心。

   （6）双手其余四指扶住陶泥外围，从底部慢慢将陶泥向上提起，同时慢慢扶正，重复上述操作直至厚度达到1~2厘米，此时笔筒初步成型。

   （7）使用雕塑棒对初步成型的笔筒进行调整，使其表面变得光滑平整。

   （8）将雕塑棒固定在固定架上，使其随着转盘转动，在笔筒表面即可得到各种纹理。

   （9）双手拉直丝线从外向内做切割动作，让笔筒与转盘从底部分离开来。

   （10）借助雕塑棒，把笔筒取下。

   （11）待笔筒晾干后，按照个人喜好为其填色。

扫一扫二维码，登录中国数字科技馆，看看实验过程及现象。

阅读理解

我国瓷器发展史

不同于陶器，瓷器是我国古代独有的一项伟大发明。公元前17世纪初至公元前11世纪的商代就已经出现了原始的青瓷——陶器向瓷器过渡时期的产物。历经一千多年的不断摸索，东汉时期人们终于烧制出了成熟的青瓷，这一突破被视为我国陶瓷发展史上的里程碑。

宋代，我国的陶瓷工艺得到了空前的发展，出现了百花齐放的局面。当时并称于世的五大名窑为定窑、汝窑、官窑、哥窑及均窑。

中国瓷器生产的又一鼎盛时期出现在明代，其数量和质量都达到了高峰。其中江西景德镇生产的瓷器享誉世界，成为当时瓷器的代表产地。

一直以来，中国瓷器以其悠久的历史、精湛的工艺而享誉全世界。8世纪末期，中国瓷器开始走出国门，向国外输出，并在晚唐五代到宋初期间达到了鼎盛。中国瓷器成为世界性商品始于明清时期，大量的瓷器通过陆路和海路输送到国外，对我国文化的传播起到了积极的推动作用。你知道英文"CHINA"一词除了翻译为"中国"外，还有什么意思吗？它又可以翻译为"瓷器"，由此可见瓷器与中国的联系是多么的紧密！

26. 臭氧破坏

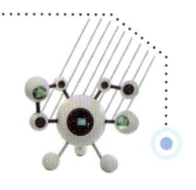

课程设计：张华文　赵雅楠

探索发现

氧气大家都非常熟悉，那么大家知道臭氧吗？它又有什么作用呢？为什么会出现臭氧空洞？这又会对我们产生什么危害呢？让我们到中国科技馆四层"挑战与未来"A厅"地球述说"展区参观吧！跟科学家们一起去了解臭氧空洞的成因及危害。

资源简介

在中国科技馆"地球述说"展区，展示了臭氧空洞的成因及危害，该展项由三部分组成。

臭氧空洞

1. 装置简介

如右图所示，圆台上放置着一转盘，转盘旁有一按钮，转盘上方是地球臭氧层投影。

2. 操作方法

转动转盘，观察上方地球臭氧层投影的变化情况。按下按钮，转动转盘，观察地球臭氧层投影和之前的投影有什么不同。

3. 现象

转动转盘到不同年份，我们可以看到历年臭氧层空洞的大小。经过人类保护之后，可以看到臭氧层空洞区域渐变小。

臭氧空洞

臭氧破坏

1. 装置简介

如下图所示，圆形台面上的为投影画面，圆台侧面有鼠标滚轮，可以选择探索你感兴趣的内容。

2. 操作方法

操作鼠标，将鼠标停留在你感兴趣的位置，并等待臭氧空洞漂移过来，观察没有臭氧层保护的地球会受到哪些伤害。

3. 现象

当臭氧空洞漂移到光标位置后，可以看到由于臭氧层稀薄导致到达地面的紫外线强度增加，而过量的紫外线会影响人体细胞自身修复机能，对植物、动物、微生物乃至整个生物地球化学循环造成影响，甚至造成生物灭绝。

臭氧破坏

扫一扫二维码，登录中国数字科技馆，看看实验过程及现象。

破坏臭氧层的物质

1. 装置简介

如下图所示的是"破坏臭氧层的物质"展品，其由一台显示器、显示器下方的两个按钮及对面展墙上的10种静态展示的物品组成。

2. 操作方法

按下按钮，开始任务。根据显示器上出现的物品名称，判断是否会破坏臭氧层，并通过"是"和"否"两个按钮进行确认。

3. 现象

当判断完物品是否是破坏臭氧层的物体后，显示器会显示判断结果是否正确，并会给出对应物品的解释和介绍。

破坏臭氧层的物质

观察思考

1. 臭氧层的作用是什么？
2. 臭氧空洞对地球生物有哪些危害？
3. 举例说明哪些物质会引起臭氧空洞？

分析解释

在大气层中，氧分子因高能量的辐射而被分解为氧原子，而氧原子与另一个氧分子结合生成臭氧，化学式为O_3。臭氧在大气中的含量很少，主要分布在平流层，平流层中臭氧浓度相对较高的部分称为臭氧层。臭氧层吸收了大量来自太阳的紫外辐射，对地球生态系统和大气环境有重要作用，其中对生物特别有害的波长在275～320纳米的紫外线的辐射大部分（95%）被臭氧层吸收。可以形象地说，臭氧层是地球生命的保护伞。若没有臭氧层，我们赖以生存的地球就会暴露在对生物有致命杀伤力的紫外线面前，生物将会灭绝。

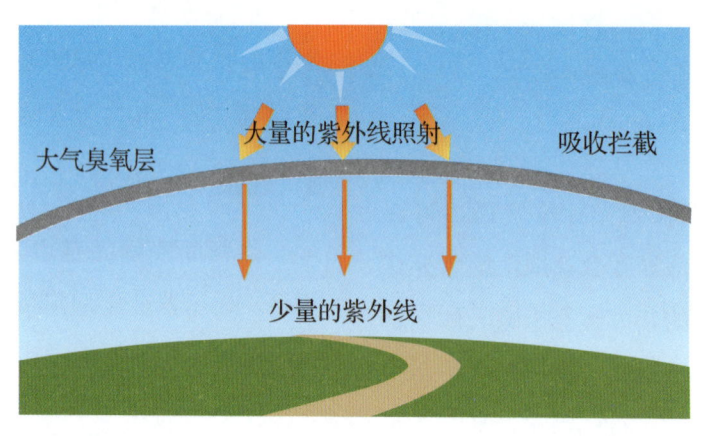

伴随着人类工业活动，大量地使用消耗臭氧层的物质，如四氯化碳、氯氟烃、溴甲烷、全溴氟烃等，这些物质广泛存在于制冷剂、发泡剂等常见工业产品中，并随之排放到大气中。从1957年开始，南极上空的臭氧层被严重消耗，如今臭氧浓度已经极其稀薄并远远低于其他地区，形成了一个直径上千公里的臭氧空洞。美国的大气物理学家莫利纳和罗兰最早发现并报道了人工合成的部分含氯和含溴物质是臭氧层破坏的主要物质来源。其中最典型、用量最大的此类物质就是氯氟烃。氯氟烃进入平流层后均匀分散，在紫外线照射下，生成活性很高的氯自由基。氯自由基是以催化剂的形式催化臭氧分解生成氧气，每个氯自由基消耗约10万个臭氧分子。研究还发现，核爆炸、航空器发射、超音速飞机将大量的氮氧化物注入平流层中，此类物质也会导致臭氧浓度下降。

臭氧空洞对地球生物的和谐发展有重要影响。研究发现臭氧每减少1%，皮肤癌发病率将增加2%～4%，白内障患者将增加0.3%～0.6%。臭氧层变薄会严重损坏动物视力，从而导致其丧失生存能力。还会导致浮游生物、鱼、虾、贝类等大量死亡，进而直接影响地球的生态平衡。同时臭氧本身也是一种温室气体，高浓度的臭氧分布在大气中会加剧地球温室效应。

近年来，世界各国在臭氧层保护方面达成了共识，开展了联合行动避免臭氧层问题进一步恶化。联合国将每年的9月16日定为"国际臭氧保护日"，旨在纪念1987年9月16日签署的《关于消耗臭氧层物质的蒙特利尔议定书》。

做一做

请同学们做一份关于消耗臭氧物质的市场调查报告，格式如下。

题目
学校_____ 班级_____ 姓名_____
摘要
3~5个关键词
正文包括调查报告的时间、调查的目的、内容以及总结与收获部分。
致谢
参考文献

阅读理解

臭氧和氧气是由氧元素组成的不同物质，虽然由同种元素组成，但物理、化学性质均有很大区别，两者互称同素异形体。臭氧在气态时呈浅蓝色、液态时呈深蓝色，固态时呈紫黑色，臭氧因其特殊的鱼腥味而得名。臭氧主要分布在距离地面20~25千米的平流层，在对流层中，臭氧的含量并不多，尤其是在接近地面的位置。虽然臭氧层是地球的保护伞，但是近地面臭氧浓度较高时对人体和庄稼都是有害的。

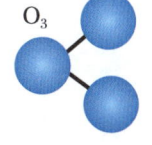

臭氧除了在高层大气中自然形成外，还有很多方法可以得到臭氧，如电解法、紫外线法、无声放电法等。臭氧化学性质不稳定，在热催化或紫外线作用下分解得到氧气，反应放出热量。

$$2O_3 = 3O_2$$

臭氧具有强氧化性，它能与很多金属和非金属发生氧化还原反应。常温下银和汞不易被氧气氧化，但是很容易被臭氧氧化，这也说明臭氧的氧化性强于氧气。

$$2Ag + O_3 = Ag_2O + O_2$$
$$Hg + O_3 = HgO + O_2$$

臭氧由于其强氧化性在工业生产和生活等方面发挥着重要的作用。臭氧可以用于饮用水消毒，生活污水三级深度处理降解有机物，医学消毒，制作漂白剂等。还有报道利用臭氧作为皮、毛的除臭剂以及冰箱去味剂，其效果明显优于活性炭。臭氧用途广泛且绿色无污染，我们应当重视开发臭氧的不同用途，让臭氧更好地为人类服务。

27. 酸雨是怎样形成的

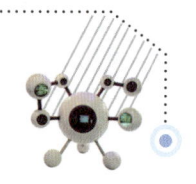

课程设计：常娟　肖毛毛

探索发现

pH值小于5.6的雨雪或其他形式的降水称为酸雨。酸雨形成的原因是空气中存在过量的酸性气体，而空气中酸性气体的主要来源有两个：一是火山爆发时，会向外喷射大量的硫化物，在工业时代来临之前，这是酸雨产生的最主要因素；二是人类过度使用化石燃料，该燃料在燃烧过程中会释放大量的二氧化硫、氮氧化物，这些皆为酸性气体，当它们随水蒸气进入云层后凝结降落就形成了酸雨。让我们去中国科技馆四层"挑战与未来"展厅的"地球述说"展区，通过"酸雨是怎样形成的"这件展品来了解酸雨的形成过程及不同因素对酸雨形成的影响。

资源简介

1. 装置简介

本展品在酸雨实验室环形展项的外圈，展台上陈列着汽车、化石燃料、金属冶炼厂、喷发的火山四种模型，代表产生酸雨的几种因素。

2. 操作方法

启动其中一种模型对应的按钮时，屏幕就会播放以该模型为主线的视频。

3. 现象

视频会呈现出四种不同因素对酸雨形成的影响及酸雨的形成过程。通过多媒体技术及展品的操作，使你了解自然因素及人类活动与酸雨形成的联系。

酸雨是怎样形成的

观察思考

1. 什么是酸雨？
2. 酸雨是怎样形成的？
3. 酸雨有哪些危害？

扫一扫二维码，登录中国数字科技馆，看看实验过程及现象。

分析解释

第一次工业革命开始，蒸汽机大量投入使用，煤炭的消耗量日益增加。煤炭中含有碳、氢、氧、硫、氮等元素。煤燃烧时，其中的硫元素会转化为二氧化硫气体。二氧化硫是一种酸性气体，这种气体上升到高空中，与空气中的水蒸气结合，生成硫酸型酸雨，其转化途径有两种，一种为二氧化硫与水结合生成亚硫酸，亚硫酸被氧化成硫酸；另一种途径是二氧化硫在粉尘的催化作用下与氧气反应，生成三氧化硫，再与水结合生成硫酸。除了燃煤产生的二氧化硫能够导致酸雨形成以外，汽车尾气中的氮氧化物也是导致酸雨形成的罪魁祸首。其转化过程为一氧化氮与氧气反应生成二氧化氮，二氧化氮与水结合生成硝酸和一氧化氮，从而生成硝酸型酸雨。二氧化硫和氮氧化物是形成酸雨的主要空气污染物，经过一系列的反应生成的硫酸和硝酸，使得雨水的pH值低于正常雨水（pH=5.6），从而形成了酸雨。

酸雨对人体健康、森林植被和建筑都有一定的危害。酸雨对人体皮肤、角膜和呼吸道有一定的刺激作用，会诱发一系列疾病。若酸雨的pH值过低，会使土壤酸化，从而导致森林面积减少，农作物枯萎，农业减产。酸化的土壤中的酸还会使一些对人体有害的重金属溶解，被作物吸收，人类食用后会危及人体健康。酸雨中的硫酸与钙、镁、钾等元素反应，造成土壤中的营养元素流失，使土壤更加贫瘠。酸雨会抑制土壤有机物的分解，影响某些土壤微生物的繁殖，例如土壤中的放线菌、固氮菌。酸雨也会对水体造成危害，使水体中微生物和浮游生物的数量和种类减少。酸雨还会对暴露在空气中的建筑、文物造成腐蚀，使大理石建筑泛黄，石像被腐蚀得面目全非，对一些钢铁建筑、桥梁、铝制门窗、发电站、通信设施等金属类的腐蚀也相当严重，造成的经济损失更是不容小觑。

做一做

1. 实验器材

　　白瓷碗、研钵、剪刀、纱布、保鲜膜、玻璃杯2个、紫甘蓝若干片、新鲜的绿叶若干片、柠檬汽水、医用酒精（白酒）。

2. 实验步骤

　　（1）用剪刀将紫甘蓝剪碎，放入研钵中，加入医用酒精至恰好没过紫甘蓝，在研钵内充分研磨。

　　（2）用纱布盖在洁净的玻璃杯口处，将紫甘蓝碎末过滤，滤液保存在玻璃杯内，此时，酸碱指示剂就做好了。

　　（3）取少量柠檬汽水于白瓷碗中，滴加少量酸碱指示剂，观察现象。

　　（4）取若干片新鲜的绿叶于另一个洁净的玻璃杯中，加入柠檬汽水浸泡，用保鲜膜封住玻璃杯口，放置24小时后进行观察。

阅读理解

　　酸雨是指pH值小于5.6的雨雪或其他形式的降水，它被归类于酸性沉降当中的湿沉降，空气污染物当中的酸性物质伴随着雨雪降落到地面就形成了酸雨。酸雨并不是正常的自然现象，它的出现意味着空气污染问题已十分严峻。酸雨一般分为两种类型，一种为硫酸型酸雨，另一种为硝酸型酸雨。酸雨形成的主要原因是人类大量使用含硫煤释放的二氧化硫和汽车尾气当中的氮氧化物，上升到高空中与水蒸气结合而成。

　　除了人类活动会导致酸雨的形成外，也有一部分原因来自大自然本身。在雷雨天气，云层碰撞后形成的雷电能量很高，使空气中的氮气和氧气发生反应生成一氧化氮，一氧化氮再与空气中的氧气结合生成二氧化氮，最后与水蒸气反应生成硝酸。也有一部分源自火山爆发时喷出的二氧化硫。

　　酸雨的危害不容小觑，世界各个国家都因酸雨造成过不同程度的经济、文化损失。因此必须采取措施，减少二氧化硫和氮氧化物的排放。目前主要措施有：使用脱硫煤，改进机动车的引擎从而减少氮氧化物的排放，优化燃煤和尾气的处理技术，或者开发使用新能源。我们还可以鼓励身边的家人朋友少开私家车，尽量乘坐公共交通工具，绿色出行。

28. 温室气体与全球变暖

课程设计：高梦玮　张家栋

探索发现

随着现代工业的不断发展，燃烧煤炭、石油和天然气所释放的二氧化碳以及汽车尾气中含有的二氧化碳等过量的温室气体进入大气，造成温室效应，最终导致全球变暖。全球变暖会导致冰川融化，造成潜在淡水资源流失，海平面升高，直接威胁沿海城市安全。想知道哪些行为会产生温室气体吗？温室气体增多会导致什么严重的后果？全球变暖对我们的生活有什么影响呢？一起来中国科技馆四层"挑战与未来"A厅"地球述说"展区寻找答案吧！

温室气体与全球变暖

资源简介

1. **装置简介**

展品由两块屏幕、投影仪和红外感应器组成。

2. **操作方法**

进入投影区后，屏幕上会出现各种生活中常见的物品和日常生活中人们行为的图像，判断其是否会排放二氧化碳，不会排放的请接住，会排放的请躲避。

3. **现象**

接住不会排放二氧化碳的物品或行为会得分，未躲避会排放二氧化碳的物品或行为会减分，周围环境也会渐渐变红，仿佛地球正处于变暖的环境之中。根据最后得分，右侧屏幕上会显示通过游戏控制全球变暖的程度。

温室气体与全球变暖

冰川融化

资源简介

1. 装置简介

   展品由冰川背景墙和操作台组成。

2. 操作方法

   通过操作杆控制屏幕上的十字型光标对准"采访登山者""采访北极熊"和"冰川与全球变暖"三个选项的其中一个,按下确定按钮观看内容。

   左右滑动滑杆,分别观看"过去""现在""未来"三个不同阶段所对应的冰川背景墙的状态,感受冰川随时间推移的变化。

全球变暖导致冰山融化

3. 现象

   选择"采访登山者",屏幕播放采访登山者的动画视频。通过登山者的讲述,可以了解从过去到现在冰川的变化以及冰川融化会造成的巨大危害。

   选择"采访北极熊",屏幕播放采访北极熊的动画视频,通过北极熊找不到食物这一事件,反映冰川融化对北极熊这一物种乃至整个生态环境的恶劣影响。

   选择"冰川与全球变暖",通过阅读屏幕文章可以了解中国喜马拉雅冰川乃至全球冰川所面临的危机,了解全球变暖的原因及解决措施。

   左右滑动滑杆,分别观看"过去""现在""未来"三个不同阶段所对应的冰川背景墙的状态,感受冰川随时间推移渐渐变小。

未来的海滨城市

资源简介

1. 装置简介

   展品由三台投影仪和一个红外感应开关组成。

2. 操作方法

   触动墙上的红外感应开关,启动展品,进入展项内,感受周围环境的变化。

未来的海滨城市

3. 现象

投影区演示全球变暖导致海平面上升，进而淹没城市的过程，让人感觉仿佛置身于城市之中，亲身感受所处城市被海水淹没的情境。

扫一扫二维码，登录中国数字科技馆，看看实验过程及现象。

分析解释

近年来，冬天越来越多破纪录的高温天气不断地提示我们地球的平均温度在逐渐上升，"温室效应"一词不断被提及，让所有人对于全球变暖问题的关注程度不断提升。

温室效应也称"花房效应"，是大气保温效应的俗称。原理是太阳发射出来的短波辐射可以透过大气层到达地面，但地面温度升高之后向外发出的长波辐射却被大气层中的二氧化碳等吸收，热量无法散失，从而导致全球变暖。这种效应与农民种植农作物的温室大棚类似，因而称为温室效应。大气中的温室气体就像一层厚厚的玻璃，使地球变成了一个大暖房。如果没有大气，地表的平均温度与有大气层的实际温度相差可达38℃。大气中的温室气体阻止地球热量的散失，使地球温度变化幅度减小，从而使得地球的温度适宜人类和其他生物的生命活动。

温室效应主要是由温室气体造成的。地球的大气中主要的温室气体包括水蒸气、二氧化碳、臭氧、氧化亚氮、甲烷、氢氟氯碳化物类、全氟碳化物及六氟化硫等。其中后三类气体造成温室效应的能力最强，但从对全球升温的贡献百分比来看，二氧化碳由于含量多，所占的比例最大，约为25%。

温室效应造成的环境影响直接体现为全球变暖，地球的平均温度不断升高导致了一系列的连锁反应。其中主要的环境变化是冰川融化、海平面升高。由于温度升高，两极冰川融化会使得海平面升高，一些沿海城市以及岛屿在可预见的将来都会被海洋淹没。两极冰川融化会导致很多极地动物失去栖息之地，生态环境被破坏，生物多样性受到影响，食物链被破坏。

为了限制温室气体的排放，联合国组织世界各国做了一系列的努力。1992年6月在巴西里约热内卢制定了《联合国气候变化框架公约》，1997年12月在日本京都制定了《京都议定书》，2015年12月在法国巴黎制定了《巴黎协定》，让世界各国认识到温室气体排放对于环境的影响，同时努力减少温室气体的排放。

观察思考

1. 温室效应会造成什么样的自然现象？
2. 温室气体排放量是否受到人类活动影响？请说明理由。
3. 如何减少温室气体的排放？

做一做

1. 实验器材

矿泉水瓶2个，温度计2支，铁架台2座，保鲜膜，剪刀。

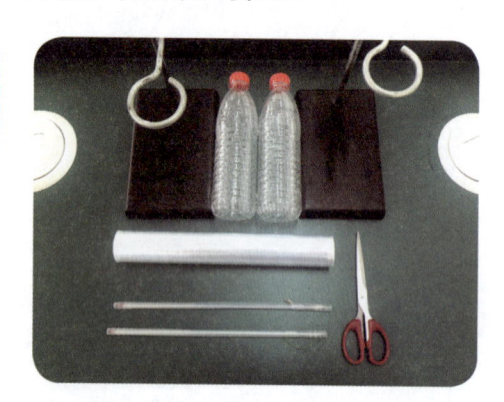

2. 实验步骤

（1）将矿泉水瓶从中间剪开。

（2）将其中一个矿泉水瓶开口处覆盖上保鲜膜，3~5层为宜。

（3）分别将温度计放入矿泉水瓶后，将两个矿泉水瓶放置在阳光下。

（4）1小时后分别记录两个矿泉水瓶中的温度。

（5）多次重复步骤（4），做好温度的变化记录。

阅读理解

温室效应是由温室气体引起的一种全球变暖的气候变化，其中最主要的温室气体是二氧化碳。

二氧化碳的排放源很多，最主要的是工业上化石燃料的燃烧。化石燃料中含有大量的碳元素，燃烧后会产生大量的二氧化碳，从而加重温室效应。所以现今各国都致力于新型能源的开发使用，旨在减少二氧化碳的排放。

我们能不能从日常生活中减少二氧化碳的排放呢？答案是肯定的，我们可以从衣食住行四个方面来减少二氧化碳的排放。

我们可以选择穿着棉麻服装，尽量不选择穿着化纤的衣服，原因在于棉麻类衣服生产简单，有利于回收，不会产生大量的废气。我们也可以减少购买衣服的次数，根据自己的需要进行购买，做到合适为宜，不要超量购买。

在饮食方面，我们可以适当增加素食的分量，减少肉食的比例，因为畜牧会消耗大量植被，同时产生温室气体。我们也要做到节约，不浪费粮食，真正践行"光盘行动"。

在居住方面，可以多用绿色植物对住宅进行装饰，避免大范围过度的装潢布置，以简单、天然为原则，营造一个舒适的家居环境。减少不必要的用电，少使用空调，电器不用的时候及时关闭电源，节约能源，减少温室气体的排放。

在出行方面，我们应该多选用公共交通方式或采用步行、骑自行车等交通方式出行，少开私家车，真正做到绿色出行。

29. 化石能源

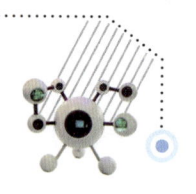

课程设计：杨楣奇　张佳栋

探索发现

　　化石能源是一种由烃与烃的衍生物组成的混合物，包括我们熟悉的煤炭、石油和天然气等。工业革命以来，化石能源的大规模开发使用使得工业大规模发展，极大地促进了人类科技文明的前进。直到现在，化石能源仍然是人类工业生产和生活中最主要的能源之一。但是化石能源需要数百万年才可以生成，而其消耗的速度远远大于生成速度。因此，化石能源供应不足便会引发能源危机，20世纪下半叶便因石油供应不足引发过三次石油危机，还因争夺石油资源而爆发过战争。世界上都有哪些地区储备着丰富的化石能源呢？如果我们继续无止境地消耗化石能源，它们将会在多久之后枯竭呢？观众可以通过操作"挑战与未来"A厅"地球诉说"展区的展品"化石能源探寻"和"化石能源危机"来得到答案。

化石能源探寻

资源简介

1. 装置简介

　　展品位于"挑战与未来"A厅"地球述说"展区。由两个操作台和移动鼠标组成。

2. 操作方法

　　将光标移至你感兴趣的地球区域名称上，约10秒钟后继续将鼠标移至下一区域名称即可。

3. 现象

　　当光标移至某一地球区域时，屏幕上会为观众展示该区域的煤炭、天然气及石油的分布情况。看看你能否在规定时间，探寻到某一区域内所有的化石能源储量。

化石能源探寻

化石能源危机

资源简介

1. 装置简介

展品位于"挑战与未来"A厅"地球述说"展区，由圆形操作台和展示柱两部分组成。

2. 操作方法

观众可以转动圆形操作台选择相应的年份，与此同时，墙壁上能源展示柱便会显示对应年份的储备量。

3. 现象

通过观察能源柱的变化，观众可进行相应思考，如果没有这些能源，人类将如何生存？有什么能源可以代替化石燃料？并带着这些问题在"新型能源"展区进行参观。

化石能源危机

扫一扫二维码，登录中国数字科技馆，看看实验过程及现象。

做一做

1. 实验器材

喷枪，乙烷，煤。

2. 实验步骤

（1）观察煤炭的外观。

煤炭外观

（2）点燃煤炭观察其燃烧的现象。

（3）观察天然气燃烧的现象。

煤炭燃烧

（4）对比煤炭和天然气燃烧现象的不同之处。

天然气灶

观察思考

1. 化石能源包括哪些种类？
2. 化石能源能够无限制地使用吗？
3. 化石能源在世界各国家的分布是均匀的吗？

分析解释

我们现今社会中不可或缺的化石能源指的是煤、石油和天然气，这些均是一次能源，同时也是不可再生能源。

煤被称为工业的"粮食"。地球上煤的形成主要分为由高等植物遗骸形成的腐殖煤，低等植物遗骸形成的腐泥煤，由上述两类混合的腐殖腐泥煤和腐泥腐殖煤，以及残植煤五类。地球上95%以上都是由高等植物的遗骸生成的腐殖煤。腐殖煤的生成是由于古代高等植物死亡之后被泥土埋藏于地下，同时在厌氧细菌的作用下进行分解，并与泥土混合形成泥炭。随着地壳的下沉，堆积的泥炭就逐渐与黏土、砂石等物质混合，堆积形成岩层。之后泥炭又在其上所覆岩层的压力作用下，逐渐发生一系列物理变化和化学变化，从而变成了含碳量更高且更加致密的褐煤。最后褐煤在200℃左右的温度及几千甚至几万大气压的压力作用下逐渐转化为被我们广泛使用的烟煤或无烟煤。

石油被称为工业的"血液"。经过科学研究，石油的形成过程有两种完全不同的理论，分别是生物成油和非生物成油两种。生物成油理论认为石油是古代的海洋动物和藻类植物遗体与淤泥混合，由于地壳变化和时间流转，被埋在厚厚的沉积岩之下。在高温和高压的条件下，这些混合物逐渐转化形成蜡状的油页岩，之后分解形成液态和气态的碳氢化合物。由于这些碳氢化合物比上层岩石的密度小，它们向覆盖在其上面的岩层中渗透，直至渗透入的岩层形成多孔且覆盖在其上的岩层紧密无法通过，从而聚集形成油田。非生物成油理论认为地壳中本身已经存在很多碳元素，有些碳元素会以碳氢化合物的形式存在，从而聚集形成石油。

天然气与海底石油是一对共生"兄弟"。天然气的形成过程与石油类似，也是有机物经过长时间的复杂分解形成的。虽然天然气也可以独自存在，但通常情况下，石油与天然气是共同存在的。

化石能源是目前全球所消耗的最主要的能源。但随着人类的不断开采，化石能源的枯竭是不可避免的，大部分化石能源在21世纪将被开采殆尽。从探明的储量及目前全世界对化石燃料的消耗速度计算，这些能源还可供人类使用的时间大约为：石油45～50年、天然气50～60年、煤炭200～220年。此外，化石能源在使用过程中会释放大量温室气体，同时产能一些有污染的烟气，威胁全球生态环境。所以，开发更清洁的可再生能源是今后发展的方向。

阅读理解

目前，世界能源结构中化石能源依然是主体，石油、煤和天然气的消费依然占据主导地位。中国石油经济技术研究院发布的《2050年世界与中国能源展望》报告指出，在经济结构调整和控制能源消费总量的政策影响下，中国能源消费将在2035年前后达到峰值，其中化石能源消费将在2030年前后达到峰值，2045年前后天然气将超越石油成为全球第一大一次消费能源。从资源特点来看，这些传统化石能源属于地下矿产资源，具有不可再生性，终究要走向枯竭。

从矿产资源注定要枯竭的角度分析，人类如果过分依赖化石能源必将引起能源危机，进而引发全球经济动荡，因此人类需要重新思考未来能源的来源和如何利用的问题，这是人类必须面对的生存和发展的问题。

悲观论者认为化石能源的产量高峰将很快到来，然后逐渐衰退，最终完全枯竭。而乐观论者也承认化石能源终有一日会枯竭，但对化石能源产量高峰来临的预期时间判断非常遥远，枯竭是一个漫长的过程，尤其是随着技术进步和人类对地球上化石能源认识的加强，所谓的峰值理论还是一个长时期的过程，人类无须悲观地看待枯竭问题。

人类社会要实现经济的可持续发展，必然需要考虑未来能源的保障问题。未雨绸缪，如何减少对枯竭性矿产资源的依赖是一个值得深思的大问题，需要及早考虑能源结构进行革命性调整，这样人类社会才能持续演化和发展。

30. 身边的能源

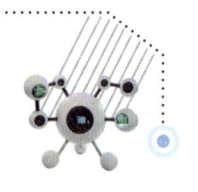

课程设计：姜莹　肖毛毛

探索发现

能源在人类发展的历史中占据着不可取代的地位，随着人类社会的进步，现代人生活中时时刻刻都离不开能源，能源为人类生活带来便利的同时，其使用也给地球带来了不可忽视的问题。那么，究竟什么是能源？除了我们所熟知的传统能源，还有哪些新型能源？能源分为哪些种类？能源的使用会带来哪些环境问题？人类要如何解决这些问题？让我们进入中国科技馆四层"挑战与未来"A厅"能源世界"展区去寻找答案吧！

资源简介

什么是能源

1. 装置简介

本展品由一台手触式显示屏和两个能源种类选择按钮组成。

2. 操作方法

（1）点击触屏上的"开始"键，开始能源分类游戏。

（2）按动屏幕上"一次能源"或"二次能源"分类栏下对应的实体按钮，将屏幕上落下的能源图标进行分类。

（3）游戏结束后，程序会列出正确答案并根据分类的正确率给出分数，可点击触屏上显示的能源图标了解每种能源的特点及分类。

（4）点击触屏上"重玩"键即可返回初始页面。

什么是能源

一次能源的需求与发展趋势

1. 装置简介

本展品由一台显示屏、一组时间转轮和上方语音播放器组成。

2. 操作方法

转动时间转轮，在屏幕上观察不同年份对应的一次能源需求量，同时聆听展品的语音介绍。

3. 现象

拨动转轮，会发现在展品所设的2004—2031年这一时间段内，人类对于一次能源的需求逐渐形成了以化石能源为主，新型能源和可再生能源并存的格局。随着人类社会的发展，人类对一次能源的需求量在逐年增加，其中新型能源的需求量虽然也有所增加，但在整个能源体系中所占的比例仍然较小。在未来几十年中，化石能源仍为全球能源消耗的主体，但随着科学技术的进步，以化石能源为主体的消耗格局终将被打破，寻找更多的可再生新型能源必将成为未来的发展趋势。

一次能源的需求与发展趋势

能源与环境

1. 装置简介

本展品由一面主投影墙、三台红外传感器和上方的语音播放器组成。三台传感器由左至右依次可启动播放传统化石能源、新型生物质能源、清洁能源——氢三种不同能源对环境所产生的影响的视频。

2. 操作方法

靠近其中一台红外传感器，传感器感应启动后，主投影墙上开始播放相应视频，同时播放语音介绍。

3. 现象

通过观看不同的视频，可了解到传统化石能源、新型生物质能源、清洁能源——氢三种不同的能源，这三种能源分别代表高碳、低碳、无碳三种不同碳排放量的能源，由于使用中所得产物和排碳量不同，其对环境所产生的影响也不同。使用传统化石能源会排放大量的有毒有害气体，污染环境，同时还会排放大量温室气体造成温室效应，进而引发冰川融化、海平面上升等一系列问题。使用新型生物质能源可有效降低污染物的排放，是一种新型可再生能源。随着社会的发展，清洁能源氢作为一种"零"排放能源将发挥越来越大的作用，让因使用能源带来的环境问题远离地球。

能源与环境

观察思考

1. 我们身边都有哪些能源？
2. 一次能源与二次能源有什么区别？
3. 不同的能源对环境有什么影响？

分析解释

《能源百科全书》中提到："能源是可以直接或经转换提供人类所需的光、热、动力等任一形式能量的载能体资源。"由此可知，我们身边的能源种类繁多，只要能被人类获取并且能够转化为有用的能量就可以并入能源当中。在我们生活当中，常见的能源有：化石能源、太阳能、风能、水能、地热能、潮汐能及生物质能等。

能源的种类繁多，按照不同的标准可以对能源进行分类。根据能量的获取方式可将其分为一次能源和二次能源。一次能源指存在于自然界当中，不经过加工就能获取的能源，如化石能源、风能、水能、太阳能、地热能、潮汐能、海洋能等。一次能源按是否能够再生分为可再生能源和不可再生能源，可再生能源是能够重复产生的能源，如太阳能、风能、水能等，这些都可以在自然界循环再生。而不可再生能源指短期内无法再产生，存储量越来越少，总有一天会枯竭的一类能源，如化石能源。二次能源指无法从自然界直接获取，必须经一次能源加工转换后得到的能源，如电能、氢能等。一次能源转化为二次能源的过程中必然存在着能量的损失，但是二次能源使用时比一次能源更加清洁、方便，因此在日常生活中我们经常利用的能源大多为二次能源。

为保持经济高速发展，人们过度地开采煤、石油和天然气等化石燃料以获取能源，忽视了这些能源的利用对环境的影响。传统能源的大量使用对环境造成了较为严重的破坏，如温室气体急剧增加，温室效应导致冰川融化，海平面上升；酸雨腐蚀建筑，破坏自然系统；雾霾危害人体健康。为了人类未来的生存与发展，目前人们正在大力开发更清洁、可再生的能源。如对于太阳能和风能的利用，有效减少了天然气和煤炭的使用，从而减少了温室气体的排放，降低了火力发电对于环境的污染，有效缓解了电力紧张的问题。

扫一扫二维码，登录中国数字科技馆，看看实验过程及现象。

做一做

1. 实验器材

   矿泉水瓶1个、吸管1根、绳子3根、壁纸刀1把。

2. 实验步骤

   （1）将吸管截成6段，约2厘米一段。

   （2）将塑料瓶上半截截掉，只留下半部分。

   （3）在瓶子接近底部穿6个洞，将吸管插进去，在瓶口穿3个洞，将绳子穿过去系好。

   （4）道具做好后，向瓶子里灌水，观察实验现象。

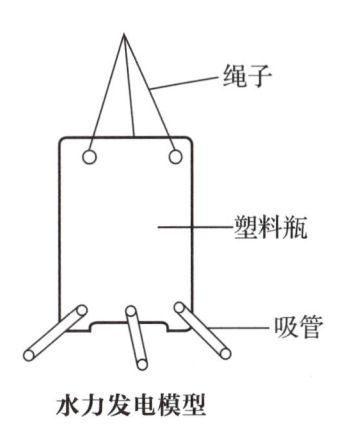

水力发电模型

阅读理解

新能源指利用新技术开发的可再生能源，其对环境的污染破坏极小，例如核能、风能、氢能、太阳能、地热能、潮汐能等。由于传统能源对环境的破坏严重，开发和利用新能源就受到了全世界的重视。

太阳能的主要利用方式有两种，一种为利用太阳发出的光，将光能转化为电能，如太阳能电池，另一种是利用太阳光的热量来进行加热，如太阳能热水器。

风能也是取之不尽用之不竭的能源。在风力较强的地区多建设风力发电站，可充分利用这种能源。

目前我们主要使用的能源是不可再生能源，即化石能源。我国拥有十分丰富的化石能源，其中煤炭资源居世界第一，但是由于人口众多，人均占有量很少，约为世界人均占有量的50%。虽然我国拥有的煤炭总量居世界首位，但是由于燃烧热备的平均热效率较低，导致能源利用率较低，能源浪费情况严重。经初步预测，目前的能源结构仅能维持大约60年。因此，能源问题急需解决，利用新技术提高化石能源的利用率，开发新能源代替传统能源，是未来能源发展的必然趋势。

31. 清洁能源——氢

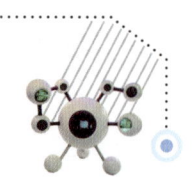

课程设计：王洪鹏　朱海凤

探索发现

氢是一种化学元素，构成了宇宙质量的75%，是宇宙中分布最广泛的元素。氢在地球上主要以化合态的形式存在，最常见的形式是水和有机物。

氢能是通过氢气和氧气反应产生的能量。氢能具有以下优点：一是氢气的来源广泛，可以由水制得；二是氢气燃烧的热值比化石燃料高；三是燃烧产物是水，不污染环境。随着形势日益严峻的能源危机和环境污染，氢能源以其可再生性和良好的环保效应成为未来最具发展潜力的能源。

海水是氢的最大来源，而且氢与氧的燃烧产物就是水，可以再生使用。由此可见，以水为原料制氢，可使氢的制取和利用实现良性循环，是取之不尽，用之不竭的。

氢气是一种易燃易爆的气体，难液化，储存和运输不方便也不安全。如何储存氢气是氢能源开发研究的关键问题。

可再生能源——氢能

资源简介

在中国科技馆四层"探索与发现"展厅，你会看到"可再生能源——氢能"这件展品，通过自己动手操作展品，完成太阳能发电、电解水制氢、氢能驱动圆盘转动三个步骤，了解氢能的使用和优点。

可再生能源——氢能

1. 装置简介

"可再生能源——氢能"这件展品可以实现太阳能发电、电解水制氢、氢能驱动圆盘转动的能量转换过程，向观众介绍氢能的利用和优点。

2. 操作方法

观众依次按下展品的三个按钮，依次启动太阳能发电、电解水制氢、氢能驱动圆盘转动三个程序。

3. 现象

按第一个按钮，灯泡发光模拟太阳照射太阳能电池板，将光能转变为电能。太阳能电池是通过光电效应或者光化学效应直接把光能转化成电能的装置。

按第二个按钮，利用上一步骤产生的电能，将水分解成氢气和氧气。在充满电解液的电解槽中通入直流电，水分子在电极上发生电化学反应，分解成氢气和氧气。该方法成本较高，但产品纯度大。

按第三个按钮，燃料电池开始工作，将化学能通过电极反应直接转化成电能，驱动圆盘转动。燃料电池是一种将化学能通过电极反应直接转化成电能的装置。这种装置最大的特点是由于反应过程中不涉及燃烧，能量转化效率比普通内燃机高很多。

氢的制取

资源简介

在中国科技馆四层"探索与发现"展厅，你会看到"氢的制取"这件展品，通过自己动手转盘圆盘，选择不同的制取氢的方法，大屏幕上就会播放利用这种方法制取氢的过程。

1. 装置简介

"氢的制取"这件展品通过大屏幕播放制取氢的过程，让观众了解五种比较成熟的制取氢的方法，进而了解氢能源的优点。

2. 操作方法

观众旋转圆盘，圆盘上的圆点对准某种制取氢的方法后，大屏幕就会播放这种制取氢的方法。

3. 现象

圆盘上的圆点对准不同制氢的方法，我们可以在屏幕上了解目前应用较广且比较成熟的方法之一电解水制氢，目前大量化工用氢的生产方法是化石燃料制氢，此外还有利用微生物制氢，从碳氢化合物中提取氢，从广泛的生物资源中制取氢等方法。

氢的制取

氢的储存

资源简介

在中国科技馆四层"探索与发现"展厅，你会看到"氢的储存"这件展品，通过自己动手，旋转转盘来操作展品，调整压强和温度等外在环境，实现氢的储存。观众可以了解目前主流的储氢材料、方法、技术及相关的注意事项，通过互动展品使观众对氢有更多的了解。

1. 装置简介

"氢的储存"这件展品采用动手参与的方式，让观众了解氢的三种储存方法：高压气态储存、低温液氢储存、利用氢材料储存。

2. 操作方法

观众旋转不同的转盘，模拟存储氢气的外部条件，即压力、温度和储氢材料。在操作转盘的时候，显示器会模拟氢气的存储过程及其与外部条件的关系。大家通过操作展品可以理解固体、液体、气体的存储条件，并能够对储存氢气有更直观的认识。

3. 现象

旋转调整压强的转盘，压缩氢气，减小存储体积，之后将氢气密封在钢瓶中，这就是高压气态存储方法。这种技术已经成熟，对钢瓶的气密性要求很高。

旋转调整温度的转盘，先给氢气降温，温度冷却到零下253℃时氢气会液化，这时可以将氢气存储于高真空的绝热容器中。

旋转添加储氢材料的转盘，实现储氢。利用氢材料进行储氢是近几十年才发展起来的储氢方法，包括金属储氢材料、非金属储氢材料和有机液储氢材料等。利用金属材料储氢的原理是使氢原子与金属形成氢化物，使用时将氢化物置于特定条件（加热）下将氢释放出来。科学家已经研究出利用合金储存氢气的材料，其中镧镍合金就是其中一种。

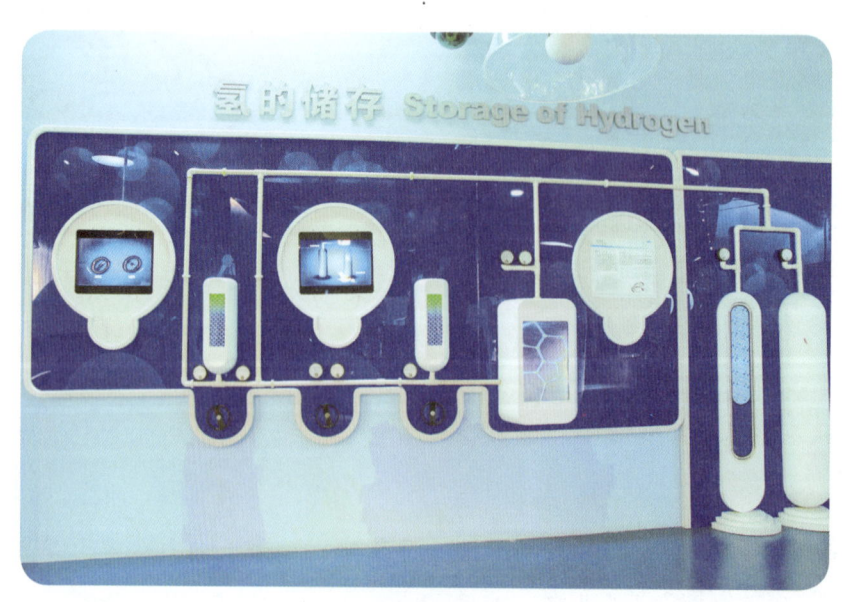

氢的储存

观察思考

1. 为什么氢能源被称作"清洁能源"？
2. 氢来自哪里？
3. 制氢的方法有哪些？简要分析不同方法的优缺点。

扫一扫二维码，登录中国数字科技馆，看看实验过程及现象。

分析解释

氢是已知元素中质量最小的，其主要以化合态的形式存在于水和有机物中。人类目前所利用的氢能主要为氢的化学能（像天然气一样燃烧）和核能两种。本部分我们将重点认识氢的化学能，氢分子中不含碳原子和硫原子，所以其燃烧的产物只有水，不会像煤和石油燃烧那样产生二氧化碳和二氧化硫，不会对环境造成任何污染，因而氢能被称为21世纪最具发展前景的二次能源。它的开发有助于解决世界范围内的能源危机、气候变暖以及环境污染等问题，所以氢能源的开发和利用必定会受到人们的高度关注。

我们可以将氢能源的获取方法按来源进行总结（图1）。国外主要以天然气为原料制取氢气，而我国则主要利用煤气化制氢。随着太阳能研究和利用的发展，人们也逐渐意识到可以利用太阳所释放的能量制氢，目前已掌握一些方法（图2），但仍有一些问题未能解决，如系统效率、整体成本等。

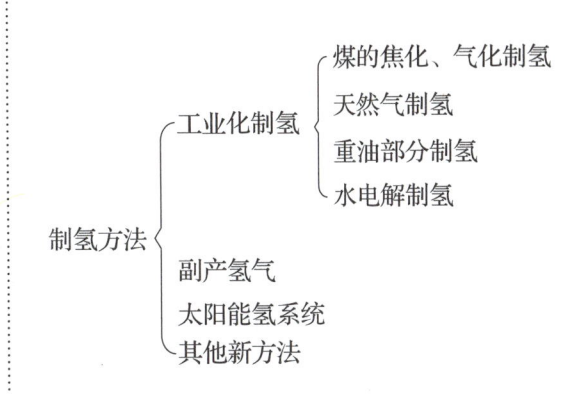

制氢方法
- 工业化制氢
  - 煤的焦化、气化制氢
  - 天然气制氢
  - 重油部分制氢
  - 水电解制氢
- 副产氢气
- 太阳能氢系统
- 其他新方法

图1 氢能源获取方法

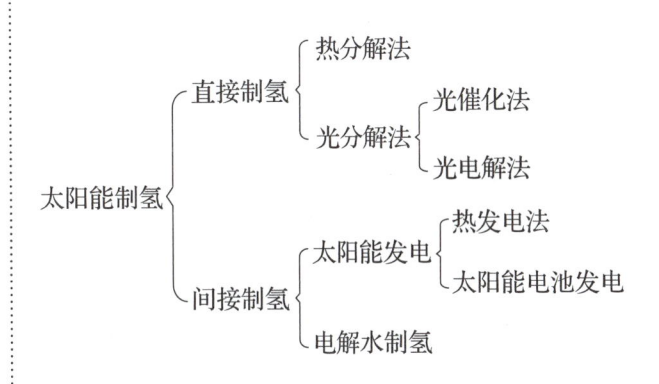

太阳能制氢
- 直接制氢
  - 热分解法
  - 光分解法
    - 光催化法
    - 光电解法
- 间接制氢
  - 太阳能发电
    - 热发电法
    - 太阳能电池发电
  - 电解水制氢

图2 太阳能制氢方法

其实应用氢能源的交通工具早已出现在我们的生活中。早在2008年北京奥运会期间，奔波于比赛场馆之间的500多辆摆渡车就是新能源车，其中的3辆大巴车和20辆轿车采用的就是氢燃料电池。

做一做

电解水制取氢气

1. **实验器材**

   导线2根，石墨电极2个，试管2支，塑料水槽1个，学生电源1台，稀硫酸1瓶，水若干。

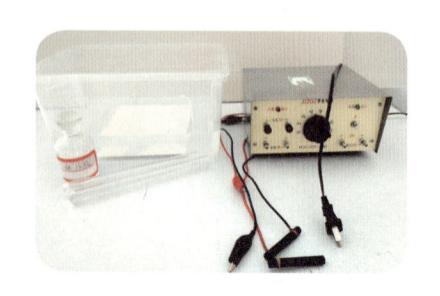

2. **实验步骤**

   （1）水槽装入1/3左右的水，加入少量稀硫酸，混合均匀，并用此水溶液将两根试管灌满后倒立于水槽中。

   （2）分别将与直流电源正负两极相连的两个电极伸入水面下的试管口中。

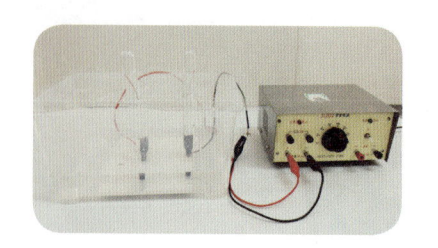

   （3）将电源的输出电压调到16伏，打开电源开关。

   （4）一段时间后，关闭电源。

3. **实验现象**

   两支电极上都有气泡产生，与正极相连的试管内收集的气体体积较小，与负极相连的试管内收集的气体体积大，它们的体积比大约为1:2。

4. **实验原理**

   水在通电的条件下会在负极产生氢气，同时在正极产生氧气。

阅读理解

氢能源电动自行车

据英国《每日电讯报》网站2015年10月2日报道，一款"商用氢能源电动自行车"充电仅耗时5分钟，骑行距离长达100千米。制造商法国普拉格马工业公司称其为世界首款，并将这款自行车命名为"阿尔法"。设计师称，此款自行车将氢电池隐藏在车架内，在使用过程中只排放纯水，其碳足迹几乎完全被中和了。

普拉格马首席执行官皮埃尔·福尔泰介绍，"阿尔法"只需5分钟就能在专门的充电站完成充电。相比之下，普通电动自行车充电要耗费3~4小时。同时，其100千米的骑行距离同样优于市面上其他电动自行车。据悉，普拉格马工业公司在2016年开始生产"阿尔法"。如果你也想拥有这款电动自行车，那么你需要支付2300欧元，折合人民币约16000元！

32. 海底热泉环境

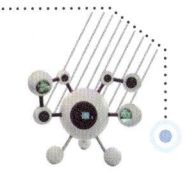

课程设计：常娟　高国栋

探索发现

"海底热泉"是海底地壳活动所反映出来的现象，主要分布在地壳张裂或薄弱的地带，如大洋中脊的裂谷、海底断裂带和海底火山附近。在热泉喷口人们看到的高高矗立着的"烟囱"叫做"热液硫化物"，它主要出现在2000米深的大洋中脊和断裂活动带上，是一种含有铜、锌、铅、金、银等多种元素的重要矿产资源。"黑烟囱"的直径通常从数厘米到2米不等，高度从数厘米到50米不等，它的堆积群有点像教堂或庙宇建筑的复杂尖顶。想要了解更多关于海底热泉的奥秘吗？快来中国科技馆四层"挑战与未来"展厅的"海洋开发"展区，认识海底热泉环境吧！

资源简介

1. 装置简介

本展项由操作台、幻影成像系统、显示屏组成。

2. 操作方法

按动展台左上方的按钮，启动幻影成像系统。通过展台右下方的按钮可以控制深海探测器模型上、下、左、右运动。

3. 现象

幻影成像演示的是黑、黄、白烟囱的喷发情景，并对相应知识进行介绍，从而使观众充分了解海底热泉环境。根据探测器的位置，台体上的屏幕播放相应的知识画面，您将了解到，在幽暗的深海存在着一个由海底热泉构成的奇特生物圈，在它周围富集着各种矿物资源。

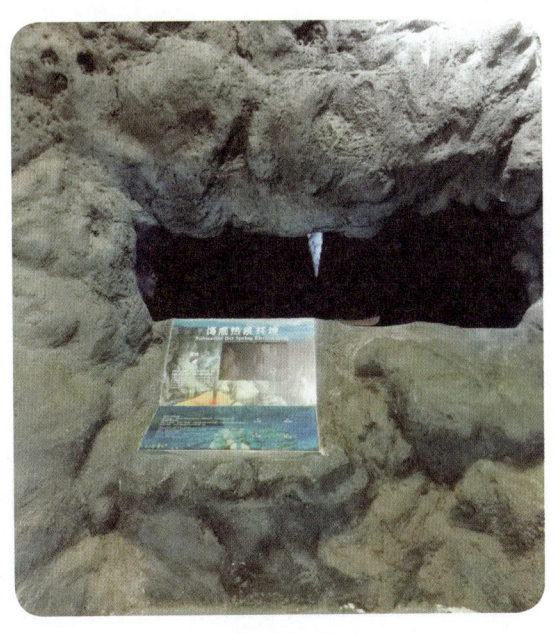

海底热泉环境

观察思考

1. 什么是海底热泉？
2. 为什么有的烟囱冒出的烟是黑色，有的是白色，还有的是黄色？

分析解释

20世纪后期，科学家在太平洋、印度洋、大西洋的中脊和红海等地相继发现了一种非常神奇的现象，蒸汽腾腾，烟雾缭绕，烟囱林立，像重工业基地一样，这是为什么呢？经研究发现这是由于这些地方都有海底热泉，那么究竟什么是海底热泉呢？所谓海底热泉就是海底深处的喷泉，是海底地壳活动所反映出来的现象，原理和火山喷发类似，喷出的热水就像烟一样，其主要分布在地壳张裂或薄弱的地方，如大洋中脊的裂谷、海底断裂带和海底火山附近。为什么海底热泉会出现在这些地方呢？因为这些地方为多火山、地震区，岩石破碎强烈，海水通过破碎带向下渗透，渗入的冷海水（2℃左右）受热后，以热泉（300～400℃）形式从海底喷出。在冷海水不断渗入、热海水不断排出的循环过程中，海底岩石中的铁、锰、铜、锌等元素溶于热海水中，形成富含金属元素物质的热液喷涌而出，这些物质与周围冰冷的海水相遇沉淀下来，沉积在喷口处，逐渐堆积成高高的"烟囱"。科学家经过化学分析和鉴定，确认它们大多是硫化物。如果水中含有铁和硫化物，在高温下会生成硫化铁，产生黑色的烟，看起来就像是冒着"黑烟"。如果看到的是"白烟"，是因为水中含有钡、钙、硅等元素组成的白色化合物，冒"白烟"时的温度要比冒"黑烟"时低。如果喷出的液体中含有大量硫，就会冒出"黄烟"。

科学家在研究海底热泉时还惊奇地发现，虽然海底热泉环境是一个没有阳光的世界，但在那里生活着许多并不依赖阳光的生物，如大得出奇的红蛤、一米长的红色蠕虫、白色的海蟹、牡蛎、没有光感的小虾等。

扫一扫二维码，登录中国数字科技馆，看看实验过程及现象。

做一做

模拟"火山喷发"实验

1. 实验器材

小杯子、药匙、小苏打、白醋、洗涤灵、墨汁。

2. 实验步骤

（1）在小杯子中加入约20毫升白醋，再滴入5滴洗涤灵。

（2）滴入2滴墨汁，摇匀。

（3）快速加入1药匙小苏打。

（4）观察"火山喷发"的现象。

阅读理解

火山喷发

火山是一种常见的地貌形态，有活火山、死火山和休眠火山之分，火山的形成与地球的内部结构有关。地球的内部结构是一种分层结构，分为地核、地幔和地壳三个同心球层。地球内部不同区域温度也是不一样的，越靠近地核温度就越高，核心部位的温度接近7000℃。在地面以下大约32千米处存在大量高温液体，其温度之高足以熔化大部分岩石。岩石熔化时体积膨胀，需要更大的空间，就会使某些地区地面隆起，这些熔融体物质沿着隆起造成的裂痕或孔隙向上运移，并在一定部位逐渐富集形成岩浆囊，随着岩浆的不断补给，岩浆囊的岩浆过剩压力逐渐增大，当熔岩库里的压强大于其上面岩石能承受的压强时，便向外喷发而形成一座座火山。当火山喷发时，大量炽热的气体、液体及固体物质会突然喷涌而出。这些气体物质主要为硫化物和二氧化碳，在造成大气污染的同时还会加重温室效应，而由固体或液体物质组成的高温岩浆不仅会淹没大面积的地表，也会冲垮建筑物、破坏植被，具有很强的破坏性。当然火山活动也带来了一些意外的收获，比如丰富的地热资源、多种矿产资源，最常见的矿产是硫磺矿。

33. 海水的构成

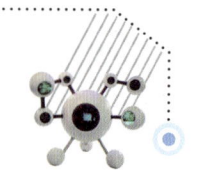

课程设计：常娟　康娜

探索发现

当你在海边嬉戏，享受大海带给我们的欢乐与凉爽时，你是否想过这浩瀚无边的海水来自哪里？它又是如何构成的呢？位于中国科技馆四层"挑战与未来"展厅"海洋开发"展区的"海水的构成"这件展品可以帮我们揭开这些谜题。

资源简介

1. 装置简介

在方形展台上方有1个显示屏、1个信息识别区和11个不同颜色的立方体，这些小方块分别代表构成海水的11种不同元素。

2. 操作方法

拿起立方体放到识别区试试，再翻转立方体看看，还可以拿两个立方体到识别区对比看看。

3. 现象

在显示屏上会看到立方体对应的元素的相关知识，翻转立方体还可以看到该元素的其他内容，也可以将两种元素进行对比。

通过该展品你会发现海水中含有的化学元素种类十分丰富，因此，我们除了海水资源的直接利用外，未来还可以充分开发利用海水的化学资源。

海水的构成

观察思考

1. 海水中含有哪些主要元素？
2. 以上元素中你熟悉的有哪些？你能说出它的哪些信息？
3. 你能说出海水的哪些用途？

扫一扫二维码，登录中国数字科技馆，看看实验过程及现象。

分析解释

海水是一种混合物，除了氢和氧元素外，含量最多的元素有氯、钠、镁、硫、钙、钾、溴、碳、锶、硼和氟11种，占其余化学元素总含量的99.8%～99.9%。我们熟悉的钠、镁、钙、钾等元素是工业生产中重要的金属元素。同时，钠、镁、钾元素还是人体新陈代谢相关的重要元素。在海水中，这些元素主要以氯化物和硫酸盐形式存在。除此之外，还有含量极少的其他元素，虽然含量很低，但却尤为重要。如锂、铀、氢的同位素氘和氚等。

利用海水可以晒盐。我国东南沿海地区的11个省市都有盐田，将海水中的水分蒸发，就可以得到氯化钠晶体（即粗盐），再进行加工后就成为我们餐桌上必不可少的调味品。氯化钠还是重要的化工原料，可以制取氯气、盐酸、纯碱等，也可以间接地作为生产塑料、合成纤维、农药、医药等的原料。

我们还可以从海水中提取氯化钾来制造钾肥，钾肥可促进作物的光合作用，使植株茎秆粗壮，增强其抵御病虫害和抗倒伏的能力。

海洋是生命最初形成的地方，也蕴藏了丰富的矿藏和物种资源，我们要合理地开发利用海洋资源，为我们的生活服务。

做一做

自制海水

现在的家里经常会养一些观赏性的热带鱼和海洋藻类，我们可以用海盐来配制海水，为小鱼和藻类布置一个家。

1. **实验器材**

   海盐、自来水、小鱼缸、筷子、量杯、电子天平。

2. **操作步骤**

   （1）用电子天平称取10克海盐放入鱼缸中。

   （2）用量杯量取300毫升晒过的自来水，倒入装有海盐的鱼缸中，并用筷子搅拌均匀。

   （3）将海草、彩石等铺于鱼缸底部做装饰。将小鱼放入海水中。

   （4）依此比例也可以布置水族箱等大型鱼缸。

阅读理解

海水淡化

地球表面72%被水覆盖，淡水资源却仅占地球总水量的2%左右，而直接能被人类利用的淡水资源不到总量的1%。面对这种情况，人们开始开发海洋水资源，把海水中的盐分除去，变成可供人们利用的淡水，这个过程叫做海水淡化。淡化海水的方法有多种。

1. 冻结法

冻结法就是让海水冻结，迫使盐分集中在咸水中，在冰融化成淡水前，就将咸水排走，剩下的就是人们所需要的淡水了。

2. 蒸馏法

太阳能海水淡化装置利用的就是蒸馏法。当太阳光透过玻璃顶棚照射到盛在黑色石槽中的海水时，海水温度不断升高汽化成水汽，水汽在倾斜的玻璃顶棚上凝结成水珠流入水槽，并汇集到水管中。只要及时把浓缩的海水换成新鲜的海水，淡水就可以不断流出。

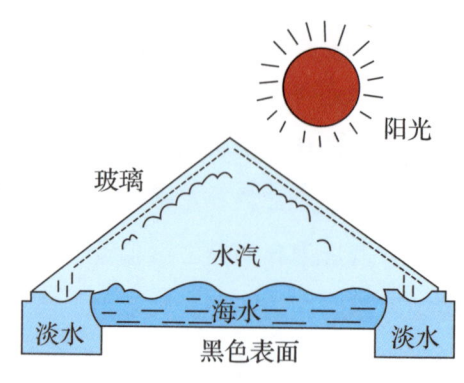

蒸馏法淡化海水

3. 反渗透法

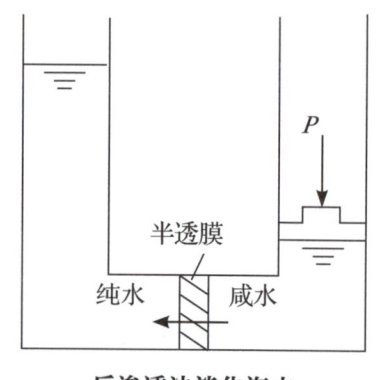

反渗透法海水淡化利用的是一种膜分离技术。反渗透膜具有半透性能，它能够在外加压力作用下使水溶液中的某些组分选择性透过，从而达到海水淡化的目的。利用此装置，在海水的一边施加一个大于渗透压的压力时，海水中的水分子通过渗透膜进入纯水一边，海水中的溶质被渗透膜隔离使得海水的浓度增加。海水盐度越高，所需压力越大，所耗能量也越高。

反渗透法淡化海水

通过海水的淡化过程，我们不仅能够得到工农业生产所需的淡水和生活用水，还可以得到氯化钠、氯化镁等副产品，从而提高了海水的利用率。

34. 可燃冰

课程设计：李博　杨海英

探索发现

如果说冰能燃烧，你恐怕不相信，但是，在大陆冻土和大洋深处，有一种神奇的资源，它外观像冰，却能够燃烧，号称"可燃冰"。那么，可燃冰和普通的冰块有什么区别？它们分布在哪里？又有什么用途呢？中国科技馆四层"挑战与未来"B厅"海洋开发"展区的"可燃冰"展项会告诉你答案。

资源简介

1. 装置简介

展品由投影展台、分子球棍模型，以及对面墙壁的屏幕三部分构成。

2. 操作方法

观看投影介绍，了解可燃冰资源的区域分布。

按动展台的方向按钮，操控屏幕上的探险船，寻找可燃冰资源。

参考上方悬挂的可燃冰分子笼模型，动手拼装，了解可燃冰的分子笼结构。

3. 现象

如果成功找到可燃冰资源，屏幕上会介绍可燃冰的生成、储备量、分布、开采方式、开采会面临的困难等相关知识。

可燃冰

观察思考

1. 什么是可燃冰？它的形成需要什么条件？
2. 可燃冰的开发利用面临哪些实际困难？

扫一扫二维码，登录中国数字科技馆，看看实验过程及现象。

分析解释

甲烷是最简单的有机化合物，是天然气的主要成分。甲烷是一种无色无味的气体，标准状况下，密度小于空气，极难溶于水，可以燃烧，火焰呈蓝色，你可以看看家里燃气灶火焰的颜色。甲烷完全燃烧产生二氧化碳和水，所以被称为清洁燃料。除了作为家庭能源外，很多的公交车也用天然气作为燃料。

可燃冰是一种深埋在海底的能源，它是甲烷的结晶水合物。它的外形似冰状，可以燃烧，故称可燃冰。是在一定条件下（-10～28℃、1～9兆帕），甲烷和水发生反应生成的一种新型化合物。海底的温度和气压都很适合可燃冰的形成，但是温度一旦达到18℃，它就会分解生成气体。可燃冰属于清洁能源，是很有潜力的矿物燃料，但由于开采困难，暂时还无法解决它所带来的负面影响，所以又被称作"未来能源"。

做一做

利用橡皮泥和牙签做一个甲烷的分子模型和可燃冰的分子笼模型。

甲烷　　　　　　　　可燃冰

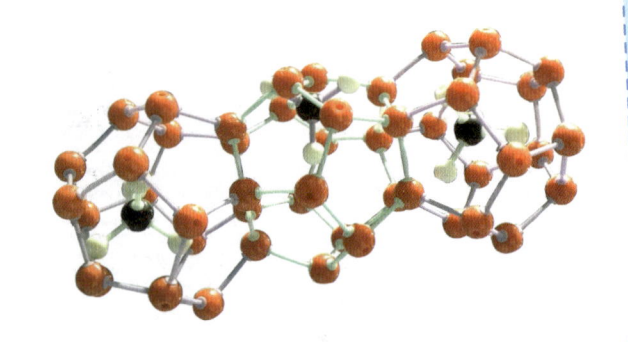

阅读理解

海马冷泉

国土资源部中国地质调查局宣布，通过对海马冷泉的探测，目前已基本探明了海马冷泉的分布范围、地形地貌、生物群落、自生碳酸盐岩及流体活动特征等。据说，海底有冷泉的地方，就有甲烷气体升上来，预示着冷泉下面的海底沉积物中很可能存在天然气水合物。海马冷泉最新成果的展示，标志着目前中国对可燃冰的发掘已经迈出重要一步。

海马是中国自主研制的4500米级非载人遥控潜水器，海马号研发成功后被应用于海洋地质调查，首次探测发现了海底巨型活动性冷泉，故将该冷泉命名为海马冷泉。

探测发现，海马冷泉总体呈东西向条带状展布，深为1350～1430米，面积约为618平方千米，其中已探查发现有冷泉活动的区域约350平方千米。其具有三大特点：一是浅表层富含天然气水合物，埋藏深度一般数米，最浅的埋藏深度仅0.15米；二是自生碳酸盐岩大量出露，在海马冷泉海底出露大量形态各异的自生碳酸盐岩，多呈结核状、结壳状和层状；三是冷泉生物群广泛分布，管状蠕虫、蛤类及贻贝等多种生物在此生存，其中贻贝分布最为广泛，不同种类和不同生长期的生物在空间上交互分布。

35. 锰结核的开采与利用

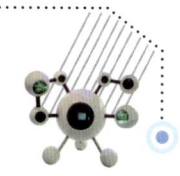

课程设计：李博　潘立红

探索发现

大洋底部蕴含着丰富的矿产资源，除了我们熟悉的石油、天然气，还有"锰结核"。那么，什么是锰结核？它分布在哪里？需要如何开采？又有哪些用途？通过中国科技馆四层"挑战与未来"B厅"海洋开发"展区"锰结核的开采与利用"展项，你将找到这些答案。

资源简介

1. 装置简介

展品包括展柜内的海洋开采场景模型、锰结核标本、屏幕，以及展柜外的操作按钮四部分。

2. 操作方法

观察展柜内的锰结核标本。按动操作按钮，了解锰结核的相关知识。

3. 现象

根据按下按钮的不同，屏幕中将播放锰结核的分布、外观、成分、现状、用途、开采等相关知识。

锰结核的开采和利用

扫一扫二维码，登录中国数字科技馆，看看实验过程及现象。

观察思考

1. 你知道什么是锰结核吗？
2. 锰结核有哪些重要的开采价值呢？

分析解释

继可燃冰之后，锰结核成为未来深海资源开采的新选项。

锰结核是沉淀在大洋底的一种矿石，是锰与铁的球状结核块，表面呈黑色或棕褐色，外形大多为球状或块状，小的如豌豆大，大的如土豆大。切开来看，结核是以岩石碎屑、动植物残骸的细小颗粒、鲨鱼牙齿等为核心，呈同心圆一层一层长成的，层层包裹，很像洋葱。

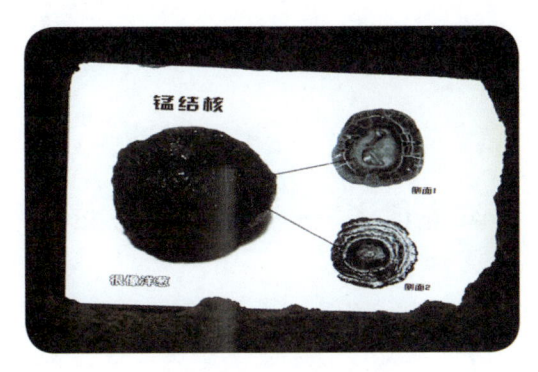

锰结核剖面图和平面图

锰结核，因其含有多种金属元素，故也被称为多金属结核。锰结核中50%以上是氧化铁和氧化锰，还含有镍、铜、钴、钼等20多种元素。目前，最有经济价值的是锰、铜、钴和镍四种金属，这些金属被广泛地应用于现代社会的各个方面，如锰可用于制造锰钢，极为坚硬，能抗冲击、耐磨损、大量用于制造坦克、钢轨、粉碎机等；铜大量用于制造电线；钴可用来制造特种钢；镍可用于制造不锈钢。

从目前的探测情况来看，锰结核分布于约4000米深的海底，分布密集的地方，几乎是一个挨一个地铺满海底。

我国对大洋锰结核的探测研究开始于20世纪70年代中期。目前，由于开采锰结核所要求的技术水平高、耗资大，且开采深海矿产必定会破坏海底的生物群落和海洋环境，因此很多国家都在进行试验性开采，还没有进入商业开采阶段。所以如何在确保海底环境不被破坏的前提下开采深海矿产成为现在研究的热点问题之一。

做一做

制作锰结核模型

1. 实验器材

   橡皮泥（超轻黏土）。

2. 实验步骤

   根据"分析解释"版块对锰结核的描述将不同颜色的橡皮泥混在一起，代表锰结核中的多种金属元素，结合锰结核的剖面图和平面图，捏出层层包裹的，像洋葱一样的锰结核模型。

阅读理解

海底宝藏——深海锰结核

锰结核是以海洋里鲨鱼的牙齿、鱼骨、海底火山的喷出物为母体，凝聚海水里的金属微粒而成的块状金属复合物。母体凝聚金属微粒的原因有两种：一是母体及金属微粒各带不同电性的电荷，由于异电相吸而凝聚；二是由于潮汐、波浪的推送揉和，以母体为中心金属微粒像滚雪球那样越滚越大。

锰结核中富含多种金属元素，其中锰占25%，铁占14%，此外还有多种有色金属，而其中蕴含的铜、钴、镍都是陆地上紧缺的矿产资源。聚集了如此多珍贵的稀缺元素的锰结核，几乎遍布所有海洋和大湖。

除此之外，锰结核对环境、资源利用等方面的影响也是很多科学家考虑的重点。浙江大学韩杰教授指出："随着环境矿物学的迅速发展，锰结核可以作为一种理想的环境矿物材料，用于环境治理。"

使用深海锰结核和海洋中含锰的化合物可以有效地净化汽车尾气，将废气中有毒的一氧化碳和二氧化硫气体转化为无害气体，并且这些使用过的锰结核还能循环利用。其次，重金属对水体的污染常常会引发一系列环境问题，锰结核及其固体残渣能帮助净化水体，对解决水体富营养化也有一定帮助。

同时，锰结核在清理石油残油和玻璃制造方面也有一定应用。

体验科学区域路线图

课程设计：黄冬芳

课程主题	课程内容	科技馆展厅	本书条目	对应页码
化学与材料	天然纤维	"华夏之光"展厅"古代技术创新"展区	5．各类纤维展示	13
	合成纤维	"科技与生活"B厅"居家之道"展区	21．衣料变迁	69
	有机合成材料	"挑战与未来"A厅"新型材料"展区	24．复合材料	83
	无机非金属材料	"华夏之光"展厅"古代技术创新"展区	6．建筑材料展示	16
		"挑战与未来"A厅"新型材料"展区	25．新型陶瓷	86
化学与环境	白色污染等	"科技与生活"B厅"居家之道"展区	22．垃圾回收再利用	74
化学与健康	对生命活动具有重要意义的有机物	"科技与生活"A厅"健康之路"展区	18．谁是大赢家	60
	知道一氧化碳对人体健康的影响	"科技与生活"A厅"健康之路"展区	19．烟之柱 烟之魔	63
化学与能源	认识燃烧、爆炸	"华夏之光"展厅"华夏文明与世界文化交流"展区	8．火药的配方	24
		"华夏之光"展厅"华夏文明与世界文化交流"展区	9．古代火器模型	27
	石油的综合利用	"探索与发现"A厅"物质之妙"展区	15．芳香物质	51
	认识水是宝贵的自然资源	"科技与生活"A厅"气象之旅"展区"科技与生活"B厅"居家之道"展区	23．爱护水资源	78
	化石燃料（煤、石油、天然气）	"挑战与未来"A厅"地球述说"展区	29．化石能源	102
	能源的分类	"挑战与未来"A厅"能源世界"展区	30．身边的能源	106
	氢能源	"挑战与未来"A厅"能源世界"展区	31．清洁能源——氢	110
	海洋资源的综合利用	"挑战与未来"B厅"海洋开发"展区	32．海底热泉环境	115
		"挑战与未来"B厅"海洋开发"展区	33．海水的构成	118
	可燃冰（主要成分甲烷）	"挑战与未来"B厅"海洋开发"展区	34．可燃冰	121

课程主题	课程内容	科技馆展厅	本书条目	对应页码
身边的化学物质	金属矿物及金属冶炼	"华夏之光"展厅 "古代技术创新"展区	1. 铜绿山古矿井采掘情景	1
	金属矿物	"挑战与未来"B厅 "海洋开发"展区	35. 锰结核的开采与利用	124
	生活中的化合物—盐	"华夏之光"展厅 "古代技术创新"展区	2. 深井开采（井盐）	4
	铁的合金	"华夏之光"展厅 "古代技术创新"展区	3. 生铁、熟铁、钢的比较	7
	铁矿石炼铁	"华夏之光"展厅 "古代技术创新"展区	4. 汉代冶铁技术	10
		"探索与发现"A厅 "物质之妙"展区	17. 钢铁是怎样炼成的	57
	纯碱的用途	"华夏之光"展厅 "华夏文明与世界文化交流"展区	7. 造纸工艺流程	19
	常用化肥的名称和作用	"科技与生活"A厅 "衣食之本"展区	20. 土壤与作物	66
	空气中的成分——臭氧	"挑战与未来"A厅 "地球述说"展区	26. 臭氧破坏	90
	常见酸的性质	"挑战与未来"A厅 "地球述说"展区	27. 酸雨是怎样形成的	94
	碳循环及二氧化碳	"挑战与未来"A厅 "地球述说"展区	28. 温室气体与全球变暖	97
物质的构成	认识化学元素	"探索与发现"A厅 "物质之妙"展区	10. 物质探索的历程	32
		"探索与发现"A厅 "物质之妙"展区	11. 同素异形体	36
		"探索与发现"A厅 "物质之妙"展区	12. 身边的元素 太阳的元素	39
	微粒构成物质	"探索与发现"A厅 "物质之妙"展区	13. 微观粒子结构探索	43
	同位素及其应用	"探索与发现"A厅 "物质之妙"展区	14. ^{14}C定年	48
物质的化学变化	化学反应的基本特征	"探索与发现"A厅 "物质之妙"展区	16. 光敏花园	54

铜绿山古矿 采掘情景
学习任务单

学生的学籍号

学生姓名：	
学　　校：	
指导教师：	
完成时间：	

教师评价：	学生完成情况： □ A—非常好 □ B—比较好 □ C—合格 □ D—需要改进	质性描述及建议：

任务一　了解铜绿山古铜矿的矿石

1. 铜绿山古铜矿遗址采掘的矿石有哪些？
2. 铜绿山古矿井的开采体系是什么样的？

任务二　认识孔雀石

孔雀石的主要成分是什么？

任务三　了解铜的化学性质

1. 铜能和空气中的哪些物质发生化学反应？
2. 完成"做一做"的小任务。了解如何除去铜绿？

我的收获和感受

中国科学技术馆一层"华夏之光"展厅"中国古代科技创新"展区

深井开采（井盐）
学习任务单

学生的学籍号

学生姓名：
学　校：
指导教师：
完成时间：

教师评价：
学生完成情况：
☐ A—非常好
☐ B—比较好
☐ C—合格
☐ D—需要改进

质性描述及建议：

任务一　了解自贡井盐

1. 什么是井盐？
2. 什么是"冲击凿井法"？

任务二　对比井盐和海盐

比较井盐和海盐在制取时的不同。

任务三　模拟制盐

展示自己制作食盐的照片，和同学们一起交流分享。

我的收获和感受

中国科学技术馆一层"华夏之光"展厅"中国古代科技创新"展区

生铁、熟铁、钢的比较
学习任务单

学生的学籍号

学生姓名：
学　　校：
指导教师：
完成时间：

教师评价：	学生完成情况： □ A—非常好 □ B—比较好 □ C—合格 □ D—需要改进	质性描述及建议：

任务一　认识生铁、熟铁和钢

简要说明出生铁、熟铁和钢的不同。

任务二　了解生铁、熟铁和钢

查阅资料了解生铁、熟铁和钢的主要性能和用途。

任务三　比较生铁、熟铁和钢

1. 观察生铁、熟铁和钢制品，说出鉴别生铁、熟铁和钢的方法。
2. 根据生铁、熟铁和钢的特点，分别设计一种用途，将设计图贴在这里。

我的收获和感受

中国科学技术馆一层"华夏之光"展厅"中国古代科技创新"展区

汉代冶铁技术
学习任务单

学生的学籍号

学生姓名：	
学　　校：	
指导教师：	
完成时间：	

教师评价：	学生完成情况： □ A—非常好 □ B—比较好 □ C—合格 □ D—需要改进	质性描述及建议：

任务一　了解汉代的冶铁技术

汉代冶铁技术有哪些先进的发展？

任务二　对比古代、现代冶铁技术

查阅资料了解我国古代和现代冶铁技术，并简要记录下来。

任务三　体验冶铁技术

设计一个炼铁高炉，把图纸贴在这里。

我的收获和感受

中国科学技术馆一层"华夏之光"展厅"中国古代科技创新"展区

各类纤维展示
学习任务单

学生的学籍号

学生姓名：	
学　　校：	
指导教师：	
完成时间：	
教师评价：	学生完成情况： □ A—非常好 □ B—比较好 □ C—合格 □ D—需要改进	质性描述及建议：

任务一　了解纤维的分类

1. 纤维大致可分哪几类？
2. 各种纤维分别具有哪些优良性能？

任务二　了解材料和社会发展程度的关系

查阅资料了解中国及世界各历史时期所应用的主要材料，体会社会发展程度与材料发展的关系。

任务三　体验不同纤维的区别方法

从你穿的衣服上，抽下织物的细丝或线头，点燃后确定纤维种类。

我的收获和感受

中国科学技术馆一层"华夏之光"展厅"中国古代科技创新"展区

建筑材料展示
学习任务单

学生的学籍号

学生姓名：	
学　　校：	
指导教师：	
完成时间：	
教师评价：	学生完成情况： □ A—非常好 □ B—比较好 □ C—合格 □ D—需要改进	质性描述及建议：

任务一　了解砖瓦的烧制

1. 制作砖瓦的原料有哪些？
2. 了解砖瓦的制作过程。

任务二　思考砖的颜色

砖的颜色是由什么因素决定的？

任务三　了解砖瓦在中国古建筑中的应用

参观中国古建筑，了解琉璃瓦、金砖、琉璃脊兽在古建筑中的应用。

我的收获和感受

中国科学技术馆一层"华夏之光"展厅"中国古代科技创新"展区

造纸工艺流程
学习任务单

学生的学籍号

学生姓名：	
学　　校：	
指导教师：	
完成时间：	
教师评价：	学生完成情况： □ A—非常好 □ B—比较好 □ C—合格 □ D—需要改进	质性描述及建议：

任务一　认识古法造纸的工艺流程

古法造纸的工艺流程包括哪些？

任务二　纸张的主要成分是什么

制造纸张主要用到的是哪些物质？利用到这些物质的什么成分？

任务三　完成做一做

按照做一做，自己亲手制作一张纸，剪下一片贴在这里。

我的收获和感受

中国科学技术馆一层"华夏之光"展厅"华夏文明与世界文化交流"展区

火药的配方
学习任务单

学生的学籍号

学生姓名：	
学　　校：	
指导教师：	
完成时间：	
教师评价：	学生完成情况： ☐ A—非常好 ☐ B—比较好 ☐ C—合格 ☐ D—需要改进	质性描述及建议：

任务一　认识火药的成分及其爆炸原理

火药的成分有哪些？为什么火药能造成爆炸？

任务二　认识焰火表演中出现不同颜色火焰的原因

什么样的物质使火药的火焰出现了不同的颜色？

任务三　体验会自己膨胀的气球

写出在操作过程中出现的现象和原因。

我的收获和感受

中国科学技术馆一层"华夏之光"展厅"华夏文明与世界文化交流"展区

古代火器模型
学习任务单

学生的学籍号

学生姓名：	
学　　校：	
指导教师：	
完成时间：	

教师评价：	学生完成情况： □ A—非常好 □ B—比较好 □ C—合格 □ D—需要改进	质性描述及建议：

任务一　认识古代火器模型

任选一种中国古代火器，说一说它的构造和原理。

任务二　了解中国古代火器的发展历程

上网查询中国宋代、元代、明代、清朝具有特点的火器，并了解其构造和原理。

任务三　完成做一做

制作一个小火箭，把照片贴在这里。

我的收获和感受

中国科学技术馆一层"华夏之光"展厅"华夏文明与世界文化交流"展区

137

物质探索的历程
学习任务单

学生的学籍号

学生姓名：	
学　　校：	
指导教师：	
完成时间：	

教师评价：	学生完成情况： □ A—非常好 □ B—比较好 □ C—合格 □ D—需要改进	质性描述及建议：

任务一　物质探索的历程

人类探索物质世界进程中的重要时期和重大事件有哪些？

任务二　了解人类对物质认识的最新成果

查阅资料了解人类对物质探索的最新成果，简单概括写在这里。

任务三　绘制物质探索的历程图

将"做一做"栏目的图绘制在这里。

我的收获和感受

中国科学技术馆二层"探索与发现"A厅"物质之妙"展区

同素异形体
学习任务单

学生的学籍号

学生姓名：	
学　　校：	
指导教师：	
完成时间：	
教师评价：	学生完成情况： □ A—非常好 □ B—比较好 □ C—合格 □ D—需要改进	质性描述及建议：

任务一　认识同素异形体

1. 说出常见的同素异形体有哪些？
2. 说出常见的同素异形体在结构上有什么不同？

任务二　体会物质结构、性质、用途之间的关系

利用网络查阅石墨、金刚石、碳—60的性质和用途，体会物质的结构、性质、用途之间的关系。

任务三　制作金刚石结构模型

制作金刚石结构模型，拍成照片贴在这里。

我的收获和感受

中国科学技术馆二层"探索与发现"A厅"物质之妙"展区

身边的元素 太阳的元素
学习任务单

学生的学籍号

学生姓名：
学　　校：
指导教师：
完成时间：

教师评价：
学生完成情况：
☐ A—非常好
☐ B—比较好
☐ C—合格
☐ D—需要改进

质性描述及建议：

任务一　认识展厅中物质的元素组成

操控激光发射器，认识家居中常见物质的组成元素。

任务二　厨房中的元素

将"做一做"栏目中绘制的图形打印出来，贴在这里。

任务三　认识太阳中元素的组成

查阅资料了解太阳中各元素的含量，绘制一个含量饼状图。

我的收获和感受

中国科学技术馆二层"探索与发现"A厅"物质之妙"展区

微观粒子结构探索
学习任务单

学生的学籍号

学生姓名：	
学　　校：	
指导教师：	
完成时间：	

教师评价：	学生完成情况： □ A—非常好 □ B—比较好 □ C—合格 □ D—需要改进	质性描述及建议：

任务一　物质探索的历程

都有哪些科学家为微观粒子的发现做出了杰出的贡献？

任务二　了解阴极射线实验

简单阐述阴极射线实验在原子结构探索历程中的贡献是什么？

任务三　模拟α粒子轰击金箔实验

完成"做一做"栏目的实验并把结果图画在这里。

我的收获和感受

中国科学技术馆二层"探索与发现"A厅"物质之妙"展区

^{14}C 定年 学习任务单

学生的学籍号

学生姓名：	
学　　校：	
指导教师：	
完成时间：	
教师评价：	学生完成情况： □ A—非常好 □ B—比较好 □ C—合格 □ D—需要改进	质性描述及建议：

任务一　认识 ^{14}C 定年

1. 什么是 ^{14}C ？
2. 考古学家为什么可以通过测定 ^{14}C 含量知道动植物的死亡时间？

任务二　了解碳元素的三种同位素

请查阅资料，了解碳元素的三种同位素在自然界中的含量。

任务三　写一篇调查报告

查阅资料了解科学家都利用了哪些方法测定文物的年代，写一篇简短的调查报告。

我的收获和感受

中国科学技术馆二层"探索与发现"A厅"物质之妙"展区

芳香物质
学习任务单

学生的学籍号

学生姓名：	
学　　校：	
指导教师：	
完成时间：	
教师评价：	学生完成情况： □ A—非常好 □ B—比较好 □ C—合格 □ D—需要改进	质性描述及建议：

任务一　认识芳香物质加工过程

根据展品中视频资料绘制出芳香物质加工的基本流程。

任务二　家庭小调查

调查家中能够散发香味的物品，阅读标签，找出芳香物质。

任务三　了解苯的发现史

阅读科普材料，了解苯的发现史和苯分子的结构。

我的收获和感受

中国科学技术馆二层"探索与发现"A厅"物质之妙"展区

光敏花园
学习任务单

学生的学籍号

学生姓名：	
学　　校：	
指导教师：	
完成时间：	

教师评价：	学生完成情况： □ A—非常好 □ B—比较好 □ C—合格 □ D—需要改进	质性描述及建议：

任务一　认识光敏材料

1. 什么是光敏材料？
2. 光敏材料变色的原理是什么？

任务二　了解光敏材料的应用

通过网络了解光敏材料有哪些具体的应用？

任务三　体验感温变色泥

用感温变色泥捏制一些物体，拍成照片贴在这里。

我的收获和感受

中国科学技术馆二层"探索与发现"A厅"物质之妙"展区

钢铁是怎样炼成的
学习任务单

学生的学籍号

学生姓名：	
学　　校：	
指导教师：	
完成时间：	
教师评价：	学生完成情况： □ A—非常好 □ B—比较好 □ C—合格 □ D—需要改进
质性描述及建议：	

任务一　认识炼铁高炉和炼钢转炉的构造

1. 说出炼铁高炉的基本构造。
2. 说出炼钢转炉的基本构造。

任务二　认识炼铁和炼钢的基本原理

1. 炼铁的过程中主要发生了哪些化学反应？
2. 炼钢的基本原理是什么？

任务三　写一篇调查报告

将"做一做"栏目中调查报告的提纲写在这里。

我的收获和感受

中国科学技术馆二层"探索与发现"A厅"物质之妙"展区

谁是大赢家
学习任务单

学生的学籍号

学生姓名：	
学　　校：	
指导教师：	
完成时间：	

教师评价：	学生完成情况： □ A—非常好 □ B—比较好 □ C—合格 □ D—需要改进	质性描述及建议：

任务一　请您点餐

在"请您点餐"展品入口处，通过测量自己的身体指数，看看自己是否处于健康范围内。

任务二　人体所需营养素

在"请您点餐"展品墙上，通过阅读资料了解人体所需营养素，并各举一例食物。

人体所需营养素

营养素						
食物						

任务三　活学活用

通过试玩"谁是大赢家"展品，记录自己所获成绩，并完善自己的食谱。

完善食谱

我选择的食物：	完善后的食谱：

我的收获和感受

中国科学技术馆三层"科技与生活"A厅"健康之路"展区

烟之柱　烟之魔
学习任务单

学生的学籍号

学生姓名：	
学　　校：	
指导教师：	
完成时间：	
教师评价：	学生完成情况： □ A—非常好 □ B—比较好 □ C—合格 □ D—需要改进	质性描述及建议：

任务一　观看展品认识吸烟的危害

1. 去科技馆操作展品"烟之柱"，了解吸烟的危害及香烟的有害成分。
2. 调查你身边吸烟的人，每天的吸烟量，计算每年吸烟消耗的钱数，并提出用这些钱改善生活质量的建议。

任务二　指导家人健康生活

向家人介绍吸烟的危害，劝说家人不吸烟。

我的收获和感受

中国科学技术馆三层"科技与生活"A厅"健康之路"展区

土壤与作物
学习任务单

学生的学籍号

学生姓名:	
学　校:	
指导教师:	
完成时间:	

教师评价:	学生完成情况: □ A—非常好 □ B—比较好 □ C—合格 □ D—需要改进	质性描述及建议:

任务一　观察现象

到中国科技馆模拟给作物浇水施肥，观察作物表现出的不同状态。

任务二　了解生活中的肥料

观察生活中的不同品牌肥料，查看其主要成分，按照成分中所含的主要营养元素进行分类。

任务三　实践体会

为家中的花浇水、施加肥料，1个月后观察前后变化拍照贴在这里。

我的收获和感受

中国科学技术馆三层"科技与生活"A厅"衣食之本"展区

衣料变迁
学习任务单

学生的学籍号

学生姓名：	
学　　校：	
指导教师：	
完成时间：	

教师评价：	学生完成情况： ☐ A—非常好 ☐ B—比较好 ☐ C—合格 ☐ D—需要改进	质性描述及建议：

任务一　感受各种衣料

在"不同来源的衣料"展品处，通过触摸各种不同的衣料，体会不同衣料给人的不同感受。

不同来源的衣料调整

衣料种类					
特点					

任务二　纳米科技

在"不沾油污的衣料"展品处，了解衣料不沾油污的基本原理。查阅资料了解什么是纳米工艺，它有怎样的优点？

任务三　活学活用

观察"变色布料""不沾油污的衣料"等展品，思考它们如何被应用到你的生活中？用语言描述或图画展示你的设计。

我的收获和感受

中国科学技术馆三层"科技与生活"B厅"居家之道"展区

垃圾回收再利用
学习任务单

学生的学籍号

学生姓名：
学　　校：
指导教师：
完成时间：

教师评价：
学生完成情况：
☐ A—非常好
☐ B—比较好
☐ C—合格
☐ D—需要改进

质性描述及建议：

任务一　认识垃圾分类

1. 你知道什么是垃圾分类吗？垃圾为什么要进行分类？
2. 本展品六种垃圾模型中，属于可回收垃圾的有哪些？

任务二　了解垃圾处理的一般方法

1. 垃圾处理有哪些方法？
2. 不同的垃圾处理方法有什么危害？

任务三　变废为宝——自制存钱罐

用废旧塑料瓶制作一个存钱罐，把照片贴在这里。

我的收获和感受

中国科学技术馆三层"科技与生活"B厅"居家之道"展区

爱护水资源
学习任务单

学生的学籍号

学生姓名：	
学　　校：	
指导教师：	
完成时间：	

教师评价：	学生完成情况： ☐ A—非常好 ☐ B—比较好 ☐ C—合格 ☐ D—需要改进	质性描述及建议：

任务一　水循环过程中发生的变化

在"看看降雨的形成"展品处，通过阅读资料画出自然界的水循环过程。

任务二　你每一天的用水量是多少

在"你每一天的用水量是多少"展品处，测一测自己的用水量。

任务三　活学活用

写出你及家人日常生活中节约用水的小妙招。

我的收获和感受

中国科学技术馆三层"科技与生活"A厅"气象之旅"展区
中国科学技术馆三层"科技与生活"B厅"居家之道"展区

复合材料
学习任务单

学生的学籍号

学生姓名：	
学 校：	
指导教师：	
完成时间：	

教师评价：	学生完成情况： □ A—非常好 □ B—比较好 □ C—合格 □ D—需要改进	质性描述及建议：

任务一 认识复合材料

1. 与其他材料相比复合材料有什么优点？
2. 认识"复合材料"展品中哪些是天然复合材料？哪些是人工复合材料？

任务二 了解材料的发展历史

查阅在人类单纯利用火的阶段都制造出了哪些材料？

任务三 感受材料给环境带来的影响

对于合成材料造成的"白色污染"问题你有什么好的解决策略和方法？

我的收获和感受

中国科学技术馆四层"挑战与未来"A厅"新型材料"展区

新型陶瓷
学习任务单

学生的学籍号

学生姓名：	
学　　校：	
指导教师：	
完成时间：	

教师评价：	学生完成情况： □ A—非常好 □ B—比较好 □ C—合格 □ D—需要改进	质性描述及建议：

任务一　认识陶瓷材料

1. 陶瓷为什么属于环保材料？
2. 请从家庭日用品中找出其中的陶瓷制品。

任务二　了解导电陶瓷

1. 去中国科技馆二层"挑战与未来"A厅，通过操作"导电陶瓷"展品了解导电陶瓷的导电性能。
2. 观看展片了解导电陶瓷导电的原理。

任务三　了解陶瓷在生产生活中的重要用途

分别观看"陶瓷材料"展品四周的展示窗，简要罗列陶瓷在日常生活中的用途。

我的收获和感受

中国科学技术馆四层"挑战与未来"A厅"新型材料"展区

臭氧破坏
学习任务单

学生的学籍号

学生姓名：	
学　　校：	
指导教师：	
完成时间：	
教师评价：	学生完成情况： □ A—非常好 □ B—比较好 □ C—合格 □ D—需要改进	质性描述及建议：

任务一　认识臭氧空洞

1. 说出臭氧层对地球生物生存的意义。
2. 认识臭氧空洞。

任务二　了解臭氧空洞给地球造成的危害

1. 查询南极臭氧空洞的变化历程。
2. 举例说明臭氧空洞给地球造成的危害有哪些。

任务三　会判断消耗臭氧的物质

能够独立判断生活中消耗臭氧的物品。

我的收获和感受

中国科学技术馆四层"挑战与未来"A厅"地球述说"展区

酸雨是怎样形成的
学习任务单

学生的学籍号

学生姓名：
学　　校：
指导教师：
完成时间：

教师评价：
学生完成情况：
☐ A—非常好
☐ B—比较好
☐ C—合格
☐ D—需要改进

质性描述及建议：

任务一　了解酸雨

1. 什么是酸雨？
2. 酸雨是怎样形成的？
3. 酸雨有哪些危害？

任务二　模拟酸雨实验

酸雨模拟实验的现象及结论，若有照片请将照片贴在下方。

任务三　保护环境

保护环境，减少酸雨的形成，作为一名中学生，请你谈一谈将如何做？

我的收获和感受

中国科学技术馆四层"挑战与未来"A厅"地球述说"展区

温室气体与全球变暖
学习任务单

学生的学籍号

学生姓名：	
学　　校：	
指导教师：	
完成时间：	
教师评价：	学生完成情况： □ A—非常好 □ B—比较好 □ C—合格 □ D—需要改进	质性描述及建议：

任务一　了解温室气体与全球变暖

请回答下列问题：

1. 温室效应会造成什么样的自然现象？

2. 温室气体排放量是否受到人类活动影响？请说明理由。

3. 如何减少温室气体的排放？

任务二　温室效应

完成温室效应小实验，了解温室效应的作用，并将实验的照片贴在下面。

我的收获和感受

中国科学技术馆四层"挑战与未来"A厅"地球述说"展区

化石能源
学习任务单

学生的学籍号

学生姓名：	
学　　校：	
指导教师：	
完成时间：	
教师评价：	学生完成情况： □ A—非常好 □ B—比较好 □ C—合格 □ D—需要改进	质性描述及建议：

任务一　了解化石能源

请回答下列问题：

1. 化石能源包括哪些种类？

2. 化石能源能够无限制地使用吗？

3. 化石能源在世界各国家的分布是均匀的吗？

任务二　了解化石能源的使用年限

查阅资料，了解不同的化石能源使用的年限大致是多少？

我的收获和感受

中国科学技术馆四层"挑战与未来"A厅"地球述说"展区

身边的能源
学习任务单

学生的学籍号

学生姓名：	
学　校：	
指导教师：	
完成时间：	
教师评价：	学生完成情况： □ A—非常好 □ B—比较好 □ C—合格 □ D—需要改进	质性描述及建议：

任务一　了解能源

1．我们身边都有哪些能源？
2．一次能源与二次能源有什么区别？
3．不同的能源对环境有什么影响？

任务二　能源小实验

完成小型水力发电机模型，将照片贴在此处。

任务三　调查生活中的能源利用情况

以小组为单位设计调查问卷，调查生活中能源利用情况。

我的收获和感受

中国科学技术馆四层"挑战与未来"A厅"能源世界"展区

清洁能源——氢
学习任务单

学生的学籍号

学生姓名：	
学　　校：	
指导教师：	
完成时间：	
教师评价：	学生完成情况： ☐ A—非常好 ☐ B—比较好 ☐ C—合格 ☐ D—需要改进	质性描述及建议：

任务一　认识氢能源

利用氢能源对环境有什么好处？

任务二　了解氢的存储

去中国科技馆四层"挑战为未来"A厅，操作"氢能源"展品，注意观察氢气的存储过程，体会物质状态（固态、液态、气态）与外部条件的关系，并比较不同储氢方法的优缺点。

任务三　了解氢能源在日常中的应用

通过查阅资料了解以氢为能源的交通工具，将图片贴在下方空白处。

我的收获和感受

中国科学技术馆四层"挑战与未来"A厅"能源世界"展区

海底热泉环境
学习任务单

学生的学籍号

学生姓名：
学　　校：
指导教师：
完成时间：

教师评价：
学生完成情况：
□ A—非常好
□ B—比较好
□ C—合格
□ D—需要改进

质性描述及建议：

任务一　认识海底热泉

1. 什么是海底热泉？
2. 为什么有的"烟囱"冒出的烟是黑色、有的是白色还有的是黄色？

任务二　了解海底热泉环境开发利用现状

查阅资料了解海底热泉环境开发利用现状。

任务三　模拟"火山喷发"实验

完成"火山喷发"实验，把实验过程拍成照片贴在这里。

我的收获和感受

中国科学技术馆四层"挑战与未来"B厅"海洋开发"展区

海水的构成
学习任务单

学生的学籍号

学生姓名：	
学　　校：	
指导教师：	
完成时间：	
教师评价：	学生完成情况： ☐ A—非常好 ☐ B—比较好 ☐ C—合格 ☐ D—需要改进	质性描述及建议：

任务一　制作海水中元素含量的柱状统计图

根据展台上读取到的海水中各元素的信息，绘制一张海水中元素含量的柱状统计图。

任务二　自制海水

根据"做一做"栏目的实验步骤配制一定量的海水，并将制得的海水拍成照片。

任务三　海水淡化原理解释

在海水淡化过程中，说明海水中溶质、溶剂、溶质的质量分数的变化情况。

我的收获和感受

中国科学技术馆四层"挑战与未来"B厅"海洋开发"展区

可燃冰
学习任务单

学生的学籍号

学生姓名：	
学　　校：	
指导教师：	
完成时间：	

教师评价：	学生完成情况： □ A—非常好 □ B—比较好 □ C—合格 □ D—需要改进	质性描述及建议：

任务一　认识可燃冰

1. 什么是可燃冰？它的形成需要什么条件？
2. 可燃冰的开发利用面临哪些实际困难？

任务二　绘制可燃冰的分布图

在世界地图上标注可燃冰位置，并结合你的知识，分析一下为什么会集中在这些地方。

任务三　绘制可燃冰含量柱状图

绘制全球不同地区或国家可燃冰含量的柱状图，并标出我国的排名。

我的收获和感受

中国科学技术馆四层"挑战与未来"B厅"海洋开发"展区

… 的开采与利用

学习任务单

学生的学籍号

教师：

完成时间：

教师评价：
学生完成情况：
☐ A—非常好
☐ B—比较好
☐ C—合格
☐ D—需要改进

质性描述及建议：

任务一　认识锰结核

1. 观察锰结核的外观及剖面图。
2. 锰结核有哪些重要的开采价值？

任务二　了解海洋资源

海洋，拥有着丰富的资源，请查阅资料了解海洋中有哪些重要的资源。

任务三　制作锰结核模型

制作锰结核模型，拍成照片贴在这里。

我的收获和感受

中国科学技术馆四层"挑战与未来"B厅"海洋开发"展区